Friedrich Salomo Krauss

Srèca

Glück und Schicksal im Volksglauben der Südslaven

Friedrich Salomo Krauss

Srèca
Glück und Schicksal im Volksglauben der Südslaven

ISBN/EAN: 9783744632348

Hergestellt in Europa, USA, Kanada, Australien, Japan

Cover: Foto ©ninafisch / pixelio.de

Weitere Bücher finden Sie auf **www.hansebooks.com**

SREĆA.

Glück und Schicksal

im

Volksglauben der Südslaven.

Von

Dr. Friedrich S. Krauss.

[Separatabdruck aus den Mittheilungen der Anthrop. Gesellschaft in Wien. (Bd. XVI, der neuen Folge VI. Bd.) 1886.]

———————

WIEN 1886.

Commissions-Verlag von ALFRED HÖLDER

k. k. Hof- und Universitäts-Buchhändler.

Die bisher fast gar nicht beachtete und den Mythologen kaum dem Namen nach bekannte Sreća[1]), erscheint bei eingehender Betrachtung ihrer Abstammung und ihrer mannigfachen Beziehungen zu verschiedenen mythischen Anschauungsweisen als eine der bedeutsamsten und bemerkenswerthesten Gestalten des südslavischen Volksglaubens.

Während im Allgemeinen mythische Wesen oberen und unteren Ranges zumeist als vermenschlichte Aeusserungen besonders auffälliger, weil nachhaltig wirkender Naturkräfte sich darstellen, nimmt die Sreća ihnen gegenüber eine Sonderstellung ein, insoferne sie nämlich als Glücksgöttin ihre höhere Entwicklung grösstentheils ästhetisch speculativer Abstraction, dem Sinnen und Nachgrübeln des Menschen über die Räthsel so vieler unverhoffter und unerwarteter Wechselfälle im Leben zu verdanken hat, wo man Wirkungen sah oder zu sehen glaubte, ohne dass irgend welcher äusserer, dem primitiven Anschauungsvermögen einleuchtender Grund der Erschei-

---

[1]) Vgl. Ethnographische Fragebögen der Anthropologischen Gesellschaft in Wien. I. Südslav von Dr. Friedrich S. Krauss. Wien 1884, S. 10. Fr. 178.

nungen vorgelegen wäre. Ich meine hier solche Fälle,
wo man füglich den Grund bei den Elementargöttern
nicht suchen mochte, weil die sichtbaren Wirkungen
mit den hergebrachten Vorstellungen vom Wesen
jener Gottheiten förmlich im Widerspruch standen.
Da keimte im dichterischen, nach einem Causalnexus
forschenden Sinne des mythisch denkenden Menschen
die Vorstellung auf von der Existenz eines neuen,
eigenthümlichen, göttlichen Wesens, welches der eigentliche Urheber jener überraschenden Vorkommnisse
sein müsse.

Die Sreća neigte in Folge der ihr vom Anfang
an eigenen Verschwommenheit dem Synkretismus. in
hohem Masse zu. Im gegenwärtigen Volksglauben
vereinigt sie in ihrem Wesen viele von einander
verschiedene mythische Bildungen und Vorstellungen.
Sie ist eben keine primäre, sondern eine secundäre,
eine in der Reihe mythischer Wesen verhältnissmässig junge Gestalt. Nachdem die vorchristlichen,
volksthümlichen Gottheiten der Südslaven durch
das Christenthum und den Islam verdrängt worden
waren, übernahm allmälig die Sreća einige wichtige Functionen, die ihr ursprünglich fremd waren.
Wesentlich spricht man ihr nun das Amt einer Fors
Fortuna, einer Tutela, des Fatum und zum Theil
auch der Parca zu.

Solche Wandlungsprocesse vollziehen sich unter
ähnlichen culturellen Verhältnissen auch bei anderen
Völkern. Mit Bezug auf die Mythologie der Griechen
und Römer bemerkte einmal zutreffend O. Jahn: „Bei
der Häufung und Vermischung der verschiedenartigen

Culte entstand ein leicht erklärliches Bedürfniss, die Kräfte der verschiedenen Gottheiten auf einen Punkt zu concentriren, was man am einfachsten dadurch zu erreichen suchte, dass man die Attribute möglichst vieler verschiedener Gottheiten auf eine häufte." [1]

Dieser gesetzmässigen Entwicklung zufolge musste die im Range aufsteigende dämonische Gestalt der Sreća dem Volksbewusstsein immer freier und unabhängiger als irgend ein anderes Wesen des Volksglaubens erscheinen. Sie hat die höchste Rangstufe erklommen, indem man sie Gott fast als ebenbürtig und ihm schier gleich an Macht und Kraft betrachtet.

Die Vorstellung von einer Sreća als Fors Fortuna beruht schon auf einer hoch gereiften künstlerischen Abstractionsgabe, wie man eine solche bei Naturmenschen nimmer voraussetzen darf. Auf einer bedeutenden Culturstufe steht ein Volk, wenn es eine derart fein gedachte und durchgeistigte Gestalt in seinem Volksglauben gezeitigt hat. Bei Naturvölkern begegnet man kaum mehr als sporadischen, schwachen Ansätzen zu einer Vorstellung vom personificirten Glück. Selbst die semitischen Völker kennen es vorzüglich nur durch die merkwürdig abstrahirte Metapher von den Sternen, obwohl daneben auch der Glaube an einen persönlichen Schutzgeist des Menschen vorzukommen pflegt, ähnlich wie bei den meisten Naturvölkern, nach deren, dem Animismus huldigenden Anschauung Alles und Jedes in der Natur nach

---

[1] „Ueber den Aberglauben des bösen Blicks bei den Alten." In den Berichten der Sächsischen Gesellschaft der Wissenschaften, phil.-hist. Cl. VII. 1855, S. 50.

Menschenart denkt und fühlt, beziehungsweise von einem Schutzgeiste beseelt ist.

Erst Völker der arischen Gruppe haben, einem ausdruckliebenden, künstlerischen Drange folgend — der als eines ihrer Hauptkennzeichen gegenüber den übrigen Völkersippen der Erde gelten mag — die Vorstellung vom persönlichen Schutzgeist höher ausgebildet und mit der durch Abstraction des Zufalls gewonnenen metaphysischen Wesenheit in Eins zu verschmelzen gewusst. Unberechenbar und unergründlich, wie ein jugendtolles, lebensfrohes, unbeständiges Mädchen, deren Liebe und Gunst nicht der schönste, der tüchtigste, der liebenswürdigste Jüngling erfährt, sondern nur jener, der eben ihrer unberechenbaren Augenblickslaune zusagt, gleich einer duftenden Menschenblüthe, nur noch rosiger und herrlicher, leichtbeschwingt, schönheitsvoll wie die Liebe selber, anmuthstrahlend und unfassbar wankelmüthig, bald sinnlos mit ihren Gaben verschwenderisch, bald filzig knausernd und hartnäckig trotzend, der einzige Spross ungekannter und unbekannter Eltern, der himmlischsten der Himmlischen ähnlich, die umworbenste und ersehnteste, die gepriesenste und auch wieder die verscholtenste aller Huldinnen, also erscheint die Räthselhafte in vielen Zungen besungen, bei den Indern als **Lakshmî** und **Śrî**[2]), bei den Griechen

---

[2]) Der Name Śrî (nom. Śrîh für Śrîs = siris) wird mit dem lat. Ceres identificirt. WILLIAM JONES nennt **Lakshmî** oder **Śrî**: „the Godess of Abundance“. Die meisten Mittheilungen aus der indischen Mythologie verdanke ich meinem liebwerthen Studiengenossen Herrn Dr. MORIZ WINTERNITZ in Wien, dem gediegenen Kenner der alten Sanskrit-Literatur.

als Tyche, bei den Lithauern als Laima[4]) und
Mahmina[5]), bei den Deutschen als Frô Saelde[6])
und bei den Südslaven als Sreća.

Welche Ausdehnung der Cult der Fortuna bei
den Römern schon in frühester Kaiserzeit gewonnen
hatte, ersieht man aus der schwungvollen Schilde-
rung des älteren Plinius: Toto quippe mundo et
omnibus locis omnibusque horis omnium vocibus
Fortuna sola invocatur ac nominatur, una accusatur,
una agitur rea, una cogitatur, sola laudatur, sola
arguitur; et cum conviciis colitur volubilis, a ple-
risque vero et caeca existimata, vaga, inconstans,
incerta, varia indignorumque fautrix. Huic omnia
expensa, huic omnia feruntur accepta et in tota
ratione mortalium sola utramque paginam facit[7]).

Bei den Indern und Lithauern ist die Göttin des
Glückes auch zugleich Göttin der Schönheit und
Jugend und des Reichthums. In Râmâyana wird
erzählt: Die Götter Asuras und Gandharvas quirlten
den Ocean, um Nektar zu erhalten; da kamen auch
allerlei andere Kostbarkeiten zum Vorschein, darunter
die Göttin Lakshmî. Aus dem Schaume des ge-
quirlten Oceans erhob sich die grosse Göttin[8]), in

---

[4]) Vgl.: „Die Mythen, Sagen und Legenden der Żamaiten"
von Dr. EDMUND VECKENSTEDT, Heidelberg 1883. S. 159—163.

[5]) Mahmina = Mutter, Göttin. Vgl. Magazin der lettisch.
Gesellschaft. Mitau 1838, VI. 144. Cit. von O. KOLBERG im
Lud. Krakau 1874. VII. S. 250.

[6]) Vgl. Deutsche Mythol. von JAKOB GRIMM, II. S. 822—833.

[7]) Naturalis historia, II. 22.

[8]) Gleich der Kyprischen Göttin, der Aphroditē, Aphro-
geneia, Anadyomenē.

einem Lotos sitzend, in wunderbarer Schönheit, in
der ersten Blüthe der Jugend, mit Schmuck bedeckt
und mit allen günstigen Merkmalen ausgestattet.
Geschmückt mit einem Kranze, mit Armbändern an
den Armen, die schwarzen Haare in Locken dahin-
wallend und der Leib, der flammendem Golde glich,
mit Perlenschmuck geziert. Sie erschien mit vier
Armen, einen Lotos in der Hand haltend, im Angesicht von unvergleichlicher Schönheit. Nach einer
anderen Legende soll sie schon bei der Schöpfung
erschienen sein, schwimmend auf den ausgebreiteten
Petalen einer Lotosblume. Als Liebesgöttin ist sie
auch die Mutter des Liebesgottes Kâma. Wegen
ihrer Verbindung mit der Lotosblume (padma) heisst
sie auch Padmâ. Als ihr Gemahl tritt auf Vishnu
oder Krishna, der daher auch Lakshmî-pati
„Gemahl der Lakshmî" genannt wird. Doch ist
Lakshmî auch ein Epitheton für jeden König;
denn die Lakshmî wird namentlich auch als Fortuna regum, als der gute Genius der Könige personificirt, und in diesem Sinne erscheint sie als Ge-
mahlin der Könige. Als Göttin des Glücks hat sie
am häufigsten das Epitheton: „Die Wankelmüthige"
(calâ, cañcalâ, capalâ, lolâ).

Der Genius des einzelnen Individuums mag als
die erste Ausdrucksform des vermenschlichten Glücks
angesehen werden. Die Vorstellung von einer ausserhalb des menschlichen Körpers dem Menschen zu-
getheilten Seele bildete wahrscheinlich die Grundlage, auf welcher der Glaube an Genien sich entwickelt
hat. So erscheint der Genius schon da als zweites,

gewissermassen entscheidendes Ich des Menschen.
Nach dem Ableben des Individuums bleibt der Genius
als der geistige und darum unzerstörbare Vertreter auf
der Oberwelt, weilt gerne am Grabe seines Schütz-
lings, wie überhaupt an Stätten, wo der Verstorbene
bei Lebzeiten gerne sich aufgehalten. Auf diesem
Untergrunde beruht vor Allem bei sehr vielen Völkern
der Manen- und der Heroencultus. Beide Culte lassen
sich kaum von einander trennen. Gewöhnlich treten
sie gemischt auf, wie im Cult der **Fravashis**[9]).

Dort, wo in einer Familie oder einer Sippe ein
Einzelner sich vor Allen besonders vortheilhaft zu
Nutz und Frommen der Gemeinschaft ausgezeichnet
hatte, wo unter dieses Einen Führung die Mehrheit
ausnehmend wohl und kräftig gediehen war, mochte
es leicht geschehen, dass sein Genius zum Genius
des Hauses, der Familie, der Sippe und des Stammes
erhoben wurde. So erwuchs mitunter aus der voraus-
gesetzten Gestalt des Genius e i n e s Individuums der
Genius der Gemeinschaft, der Hausgeist, der Sippen-
patron [10]).

In ausgereiftester Gestalt tritt der Hausgeist und
Genius auf als **Tyche** oder als **Fortuna**, der man
auf Staatskosten Tempel erbaut und neben den
höchsten Gottheiten Opfer darbringt. Zu Athen wurde
auf der Akropolis die **Tyche pherepolis**, ἀκραία,

---

[9]) Vgl. „Erânische Alterthumskunde" von FRIEDRICH SPIEGEL.
Leipzig 1873, II. S. 95.

[10]) Vgl. „Sitte und Brauch der Südslaven". Nach heimischen gedruckten und ungedruckten Quellen von Dr.
FRIEDRICH S. KRAUSS. Wien 1885, S. 51—57.

zu Rom auf dem Quirinal die Fortuna Publica, Populi Romani, Quiritium, Primigenia [11]) verehrt. So gelangte in diesem combinirten Gebilde des Glaubens und der Kunst zum ersten Male bei zweien der Hauptvertreter des indogermanischen Völkerstammes ein gemeinsames Nationalbewusstsein zum Ausdruck; ein stolzes, erhebendes, inneres Empfinden beseelte nun Millionen gleichsprachiger Menschen, die sonst in keinem näheren, ihnen verständlichen, verwandtschaftlichen Verhältnisse zu einander standen, liess sie einander als die Glieder eines einzigen grossen Gemeinwesens erkennen.

So vom ersten Grunde ihrer äusseren und inneren Entwicklung betrachtet, erweist sich die Glücksgöttin als ein in Wirklichkeit mythisch empfundenes Gebilde, das organisch aus den einfachsten Uranfängen einer bestimmten Denkform wohl unbewusst und dabei doch ganz gesetzmässig emporgewachsen ist, im Gegensatze zur metaphorischen Auffassung vom Glück, wie es von Kunstdichtern und vom Volke im Sprichworte bewusst personificirt wird.

Der Schicksalsgott scheint mir seinem Ursprunge nach zum Theil nur ein anderer Erklärungsversuch zu sein für dieselben Wirkungen, welchen die Glücksgöttin ihre Entstehung verdankt. Es ist nicht aus-

---

[11]) Vgl. „Ausführliches Lexikon der griechischen und römischen Mythologie", herausgegeben von W. H. ROSCHER. Leipzig 1886, S. 1516: „Diese ist offenbar keine andere als die hochberühmte Fortuna von Praeneste, die der römische Staat zu seiner Glücksgöttin gemacht hat." Der Artikel „Fortuna" ist von R. PETER.

geschlossen, dass beide Vorstellungen bei den Indogermanen vom ersten Beginn an nebeneinander auf-
getaucht sind, die Wahrscheinlichkeit spricht aber
dafür, dass der Schicksalsgott, als das jüngere
Product der mythenbildenden geistigen Thätigkeit
der Völker anzusehen ist; denn seine Gestalt ist
unendlich abstracter als die der Glückgöttin.

Als Personification des unberechenbaren und un-
verhofften Zufalls bildet die Glücksgöttin, genau
genommen, den Gegensatz vom Schicksal. Das räthselhafte, unbestimmbare, ehern unabänderliche Verhäng-
niss, das sich in völlig dunkler Unfassbarkeit ge-
heimnissvoll verbergend, blos als letzte Nothwendigkeit des Wandels der Dinge kundgibt, ist zugleich
auch der ausgesprochenste Gegensatz vom Genius.
Doch die Glücksgöttin als Genius hat auch die
Functionen eines Schicksalsgottes überkommen; sie
lenkt und leitet die Geschicke der Menschen.

Erst durch eine weitere Abzweigung scheint das
Schicksal gewissermassen als ausübende Organe seines
Spruches die Geburts- und Schicksalsgöttinnen gewonnen zu haben. Wohl weisen letztere wie
ersteres auf einen gemeinsamen Stamm hin.

Wie der Schicksalsspruch oder die Geburts-
göttinnen dem neugeborenen Menschenkinde sein
Geschick bestimmen, so erfüllt sich auch des Menschen
Lebenslauf. Bei den Südslaven skizziren die Geburts-
göttinnen den Lebensgang in den weitesten Umrissen,
heben in ihrem Spruche blos die hervorragendsten
Wendepunkte der künftigen Lebensbahn hervor; als
Bürge aber, dass es so und nicht anders kommen

muss, geht dem Menschen, dieweilen er lebt, ein Genius an der Seite.

Dieser mythische Causalnexus beweist eben, glaube ich, woferne ich richtig den mythischen Process erfasst habe, dass dem älteren Genius zuliebe als Grund und als Erklärung auch die Schicksalsbestimmung beigefügt wurde.

Jede der genannten volksthümlichen Auffassungsweisen gehört eigentlich einer eigenthümlichen, einer von jeder früheren verschiedenen Culturstufe an; wie es sich aber von selbst versteht, mussten neben der neuesten, durch Synkretismus gewonnenen, mythischen Gestalt auch noch die älteren, verwandten weiter bestehen bleiben, wenngleich dieselben gegenüber der Hauptvertreterin ihres Kreises Stellung und Ansehen verloren hatten.

Die Volksphantasie erzeugt in ihren mythischen Schöpfungen eine selbstständige Art naturgemässer Formen. Was die Natur aber nach den Werde- und Entwicklungsgesetzen geschaffen, das geht zum Mindesten als Art nicht mehr spurlos unter, wenn auch die eine oder andere Abart im Kampfe um's Dasein, der auch den Göttern und den Göttinnen nicht erspart bleibt, im Laufe der Zeiten verkümmert oder sich sterbeletzt auslebt.

Die ursprüngliche Gestalt des Genius hat durch die mannigfachen Wandlungen eine ganze Sippe ihrer Art zur Folge gehabt. Solche einzelne Abarten erscheinen im Gedächtniss des Volkes bald unabhängig nebeneinander, bald in einem Abhängig-

keitsverhältniss von einander, bald als Spielarten zu
einem oder auch mehreren neuen Gebilden vereinigt.

Wie tief mythische Vorstellungen im Gemüthe
der Völker wurzeln, geht schon aus der Thatsache
hervor, dass sie selbst bei den Deutschen und Slaven
von den Alles absorbirenden und auch nivellirenden
Lehren des Juden-Christenthums bis in die Neuzeit
nicht vollends ausgerodet werden konnten. Frô
Saelde und ihre Sippe haben sich im Volksglauben
der Deutschen freilich schon sehr stark verflüchtigt,
dagegen besitzt die verwandte Sreća bei den Serben,
Horvaten und Slovenen, besonders aber beim serbischen Volksstamm, noch den ausgeprägt mythischen
Charakter. Die Sreća als Tychē gehört speciell
dem serbischen, horvatischen und slovenischen Vor-
stellungskreise an, den Bulgaren und den übrigen
Slaven ist sie unbekannt.

Die Sreća scheint weder ein Lehngut, noch ein
aus uraltslavischer Zeit ererbtes mythisches Wesen
zu sein, vielmehr ist sie, wie einst bei den Römern
Fortuna, ein combinirtes Gebilde der auch jetzt noch
fortwährend unbewusst mythisch schöpferischen Volksphantasie und in Anlehnung an griechisch-römische
Vorstellungen entstanden. Nur einige Züge sind
altslavisch, so weit es zulässig ist, aus der Gemein-
samkeit des Vorkommens gleicher Züge bei allen
slavischen Völkern Schlüsse zu ziehen. Im Allgemeinen sind die bei den Südslaven noch gegenwärtig cursirenden mythischen Anschauungen von
der Art, dass man dieselben nicht ohne weiteres als
die letzten Niederschläge einer ehemals vollkommen

und regelrecht ausgebildeten Mythologie der Slaven
hinstellen darf. Nur grosse Culturvölker des Alterthums, wie die Aegypter, Inder, die Griechen und
Römer hatten eine Mythologie, ein ausgebautes
System religiöser Vorstellungen; auch die nordischen
Germanen wird man ihnen mit Fug und Recht beizählen, während man bezüglich der Mythologie der
slavischen Völker in vorchristlicher Zeit hauptsächlich von Culten einzelner Gottheiten, von welchem
sich Spuren erhalten haben und von mythischen
Anschauungen sprechen kann.

Bei den folgenden Auseinandersetzungen bin ich
lediglich auf die Quelle der neuzeitigen, lebendigen,
südslavischen Volksüberlieferungen angewiesen, weil
uns die altsüdslavische Literatur kein Material zur
historischen Vergleichungsarbeit auf dem Gebiete
südslavischer mythischer Anschauungen überliefert
hat. Es drängen sich mehrfach von selbst Parallelen
mit römischem, griechischem und indischem Volksglauben auf; dagegen zeigte sich mir eine nähere
Vergleichung mit nord- und westslavischen Volksüberlieferungen nur in geringem Grade ausgiebig.
Soweit ich einen Einblick in die Sache gewonnen,
ist, wie ich glaube, den Nord- und Westslaven die
ästhetische Speculation in ihren Mythen ein weitaus
fremdartigeres Element als den Südslaven, welche
in ihrer neuen Heimat in den Balkanländern, wohl
in Folge derzeit genauer noch nicht bestimmbarer
Einflüsse des Orients und Occidents, mit ihr mehr
sich befreundet haben. Auch die uns modernen
Culturmenschen anerzogene Naturempfindung ist, so

sonderbar es klingt, dem Südslaven nicht ganz fremd. Darin meine ich ein wesentliches Unterscheidungsmerkmal zwischen der mythischen Auffassungsweise der Südslaven den anderen Slaven gegenüber, erblicken zu sollen. Folgerichtig muss man die Vergleiche und Parallelen zum südslavischen Volksglauben über Glück und Schicksal mehr im Oriente bei den Semiten und Eraniern, im Süden bei den Griechen, und im Westen bei den Romanen und Germanen als bei den Nordslaven suchen.

Nach alledem ist es klar, dass jede derartige Untersuchung bei aller Sorgfalt lückenhaft bleiben muss, etwa nach Art der altägyptischen Wandgemälde, die trotz dem Reichthum in der Darstellung und den Feinheiten mancher Zeichnungen wegen Mangel an Vertiefung in der Perspective den Eindruck des Unvollkommenen hinterlassen. Der Vergleich ist im Grunde genommen unzulässig, weil eine wissenschaftliche Abhandlung sich nicht lediglich auf Reproduction beschränkt. Mir muss es sich hier nur darum handeln, die ursprünglichen Elemente der Sreća herauszufinden, so weit sie in der gegenwärtigen Volksüberlieferung noch zu ermitteln sind. Zu diesem Behufe will ich ein möglichst vollständiges Material von der Sreća und dem Schicksal und was drum und dran hängt und zur Erläuterung nothwendig ist, nach den aus dem Stoffe von selber sich ergebenden Gesichtspunkten mittheilen.

Ich habe durch die vorausgeschickten einleitenden Bemerkungen nichts Anderes beabsichtigt, als meine Stellung dem Stoffe gegenüber genauer zu kennzeichnen, um den Leser einigermassen zu orientiren, damit die nachfolgenden Angaben und Betrachtungen über den südslavischen Volksglauben die von mir gewünschte Beachtung finden mögen.

* * *

Ein Beweis, wie wenig die südslavischen Volks-überlieferungen zum Gegenstand wissenschaftlicher Untersuchungen bisher gemacht wurden, liegt darin, dass meine Arbeit ganz vom Grund aufgebaut werden musste, d. h. ich war bemüssigt, alles einschlägige Material selber mir zusammenzutragen. Es kann daher auch nicht befremden, wenn man bei JAKOB GRIMM der im Wesentlichen unrichtigen Behauptung begegnet: „den Slaven reichen die begriffe glück, zufall, schicksal an einander, doch wesen den parzen und nornen vergleichbar entbehrt ihre mythologie. Für glück haben die Serben s r e t j a, die Slovenen f r e z h a und personificieren wiederum: d o b r a S r e t j a (bona fortuna) ist ihre ἀgathē Týchē, ihre F r ô S a e l d e [12]).“ Dass die hier ausgesprochenen Unrichtigkeiten sammt dem Druckfehler F r e z h a in der vierten Ausgabe, sowie in der ersten vom Jahre 1844 vorkommen, ist nicht ganz verzeihlich. O. KOL-BERG [13]) corrigirt wohl den Druckfehler und führt ihn zurück auf die flüchtige deutsche Uebersetzung vom Reisewerke FORTIS': Viaggio in Dalmazia, Venezia 1744, wo 1. 74 richtig stehe D o b r a s r i c h i a.

[12]) Deutsche Mythologie von J. G. Vierte Ausgabe, besorgt von ELARD HUGO MEYER. II. B. Berlin 1876. S. 731.
[13]) Im L u d, Krakau 1874, VII. S 250.

Ich glaube nicht, dass der getreueste Wardein der
Volkskunde blos aus Fortis geschöpft. Er hat wohl
ein slovenisches Wörterbuch nachgeschlagen und das
nach alter Orthographie gedruckte ſrezha vor-
gefunden. Der Setzer hat das ſ irrthümlich für f
gelesen. Eine flüchtige Bemerkung über die Sreća
macht M. K. Valjavec in einem kurzen Artikel über
die Schicksalsgottheiten bei den Slovenen, Horvaten
und Serben, ohne aber auf die Sache näher einzu-
gehen [14]), und neuerdings T. Maretić [16]). Letzterer
führt sieben Sprichwörter an, um zu beweisen, dass
die Personification der Glücksgöttin nur aus der
metaphorischen Ausdrucksweise entstanden sei. Von
den Sprichwörtern auszugehen, muss man in diesem
Falle als verfehlt bezeichnen.

Eine für seine Zeit treffliche Abhandlung über
die Dolja und ihre Sippe hat A. A. Potebnja [16])
im Jahre 1865 veröffentlicht. Als Materialiensamm-
lung über nordslavischen Volksglauben besitzt sie
bleibenden Werth. Auch der Čeche Karel Jaromir
Erben hat sich einmal mit einem Artikel über die
Schicksalsfrauen versucht [17]). In jüngster Zeit habe
ich die Sreća im Commentar zu dem von mir aufge-
zeichneten hercegovinischen Guslarenlied Smailagić

---

[14]) Im Književnik, I. Agram 1864, S. 60.

[15]) Im Rad jugoslav. akademije LXII. 1882, S. 1.

[16]) O dolje i srodnychů sů neju suštestvachů, in den
Drevnosti. Trudy moskovskago archeologičeskago obštestva,
Moskva 1865.

[17]) Vidi čili Sudíce. Příspěvek k slovanskému bájeslovi
sepsal K. J. E., im Slovanský sbornik. Prag 1883, II. S. 1—14.

Meho [18]) und bald nachher im Feuilleton der Neu-
satzer Zeitschrift Naše doba [19]) auf Grund neuer,
von mir gesammelter Materialien zu behandeln an-
gefangen.

Unlängst entnahm ich einer Wiener Zeitung, dass
Prof. BÜDINGER bei der Wiener Akademie der Wissenschaften eine Studie über „Zeit und Schicksal bei
den westarischen Völkern" überreicht habe. Nach
einer Notiz des horvatischen „Obzor" in Agram vom
25. November 1886 hat Herr Prof. FRANJO MARKOVIĆ
der horvatischen Akademie eine Abhandlung vor-
gelegt über „die Ethik in den Volkssprichwörtern,
welche über Gott, Glück und Schicksal handeln".

* * *

Der Schutzgeist.

Die primitive animistische Anschauung hat sich
auch bei den Südslaven erhalten. Alles und Jedes
in der Natur ist beseelt, insoferne es seinen eigenen
guten oder bösen Schutzgeist, sein eigenes „Glück"
besitzt. Selbst von Menschenhand verfertigte Gegenstände haben ihr „Glück". In einem noch unedirten
bosnischen Guslarensang [20]) meiner Sammlung wird
erzählt, wie Mustapha Hrnjica von der Kladuša
mit seinem Genossen Suša von Posušje hinab in's

---

[18]) S. M. pjesan naših muhamedovaca zabilježio Dr. F. S. K.
Nalogom antropološkoga društva u Beču, Ragusa 1886, S. 89,
90, 138.

[19]) 1886. II. Nr. 57.

[20]) Des Guslaren Avdija Salijević, Opankenflickers
in Bjelina.

Küstenland gezogen, die Burg des Šimun Breulja,
des Hauptmannes, geplündert und die junge Burgfrau geraubt:

> Als Mustapha ins Gebirg gelangt war,
> fiel's auf einmal ein dem Mustaphaga,
> dass er seine wüste Flint' gelassen
> in des Hauptmanns Simon grünem Garten.
> — Bruder, meine Flinte geb' ich holen!
>   Dies vernahm auch Simon's Eheliebchen;
> und sie sagt zu Aga Mustaphaga:
> — Lass die Flinte Aga Mustaphaga,
> ich besitze weiche Golddukaten;
> eine bess're lass' ich dir wohl schmieden,
> wenn du willst, aus laut'rem Golde giessen.
> — Troll dich fort, besch ... ene Walachin!
> Dass du Gold besitzest, weiss ich selber,
> kannst auch eine bess're schmieden lassen,
> doch das Glück von meiner Flinte nimmer [31]).

Durch den Namen verführt, könnte Einer auf die
Vermuthung kommen, das wäre ein Zug aus dem
türkischen Volksglauben. Mustapha ist aber ein slavischer Mahomedaner, ein echter Slave, der an seinen
ererbten heimatlichen Anschauungen stets festhält.
Er glaubt an das Glück seiner langröhrigen Flinte,
die sich so oft in seiner Hand bewährt hat. Die
Flinte ist für den Helden ein lebendes Wesen, ein

---

[31]) Text: Kad je Mujo na planini bio — tudi Muji jesto
na um palo — gje je pustu brešu ostavio — u zelenoj Šimun-
ovoj bašći. — Odoh pobro pušku donijeti! — To začula
Šimunova ljuba — pa besjedi ági Mustafagi: — Progj se puške
ága Mustafaga, — u men' ima mehkije dukata, — ja ću tebi
bolju načiniti — ako hoćeš od zlata saliti. — Otle hajde
posrana vlahinjo — i ja znadem gje imaš dukata — gje ti
bolju moreš načiniti — al ne moreš bachta breše moje.

treuer Gefährte, dem er sein Leid klagt, den er beschwört, dem er flucht. Im Hinterhalte lauernd, sieht der Kämpe seinen Feind nahen. Er legt die Flinte an und spricht zu ihr:

> sad me puško nemoj prevariti
> a za oko ni molit te ne ću [22]).

> Sollst mir jetzt, o Flinte, nicht versagen,
> um des Auges wegen bitt ich gar nicht.

An der Sicherheit seines Blickes zweifelt der Held nicht, nur auf die Zuverlässigkeit seiner Flinte baut er nicht unbedingt.

Dass gleich dem Menschen auch die übrigen Geschöpfe jeder Art ein dem Individuum eigenthümliches „Glück" besitzen, ergibt sich von selbst. In einem noch nicht publicirten mahomedanisch-slavischen Guslarenlied [23]) meiner Sammlung wird an einer Stelle dieser Gedanke unmittelbar deutlich ausgesprochen. Die greise Mutter redet ihrem Sohn Kurtagić Selim ab, Zlatija, die Tochter des Burgherrn von Gabela an der Neretva, zu freien:

> sreću ima pot kamenom guja
> a ima je i vuk u gorici
> i tičica na tankoj grančici
> a Zlatija sreće ne imade.

> Glück hat selbst die Viper unterm Steine,
> Glück hat auch der Wolf im Alpenforste,
> auch das Vöglein auf dem zarten Zweiglein;
> nur Zlatija ist vom Glück verlassen.

---

[22]) Diese Formel ist stereotyp sowohl in der christlich- als in der mahomedanisch-slavischen Volksepik.

[23]) Aufgezeichnet von meinem Freunde Herrn Thomas Dragičević in Bosnien.

Vjedogonja.

Nach einer in Dalmatien, der Crnagora und vielleicht auch in Serbien, auf jeden Fall wenig verbreiteten Anschauung haust der Schutzgeist im Körper des Menschen. Dieser Schutzgeist heisst vjedogonja oder jedogonja, wofür ich in Slavonien vjetrogonja gehört habe. Das Wort bedeutet soviel als „Windauftreiber“, „Windaufwirbler“[24]). Wann der Wind in den Strassen und Höfen Staub, Federn und Stroh im Kreise aufwirbelt, so sagt der slavonische Bauer: „ganjaju se vjetrogonje“ (die Windaufwirbler jagen einander dahin). In einen Wirbel darf man nicht hineintreten, die vjetrogonje könnten Einen lahm oder blind machen. Stäke man ein Messer in den Wirbel, man zöge es blutig heraus. So glaubt der Slavonier. Popov[25]), ein Russe, der in den Vierziger Jahren die Crnagora bereiste, erzählt, wahrscheinlich die Angaben des Serben WOLF KARADŽIĆ[26]) paraphrasirend, Folgendes: „Ueber die

---

[24]) NADKO NODILO leitet dagegen das Wort von edu, jadu (Gift) ab. Darnach wäre jadogonja die ursprüngliche Form und hiesse etwa der Giftgeschwollene, der giftige böse Geist, soviel wie bijes. — Religija Srba i Hrvatâ na glavnoj osnovi pjesamâ, pričâ i govora narodnog, napisao N. NODILO. U Zagrebu 1885, S. 58, Anm. 1.

[25]) In: Putešestvie vû Černogoriju. Stptb. 1847, S. 220 cit. bei POTEBNJA a. a. O. S. 176.

[26]) Srpski rječnik, II. Auflage, Wien 1852, S. 251 (jedogonja) S. 65 (vjedogonja). Die erste Auflage, aus welcher Popov geschöpft, und der Kovežčić KARADŽIĆ's sind mir jetzt nicht zur Hand, dass ich genau bestimmen könnte, welches Buch Popov vorgelegen.

vjedogonjen [17]) habe ich in zwei verschiedenen Fassungen erzählen hören. Nach der einen sind die vjedogonjen Geister (Seelen) von Menschen und Thieren. Jeder Mensch hat seinen vjedogonja, besonders aber jene Menschen, die in einem (Glücks-) Hemdchen (vů rubaškachů) zur Welt gekommen. Wann der Mensch oder das Thier schläft, so entsteigt demselben der vjedogonja, bewacht dessen Habe und Gut vor Dieben, ihn selber aber vor Angriffen anderer vjedogonjen und vor jeglicher Zauberei. Oftmals bekämpfen die vjedogonjen einander; und wird einer von ihnen erschlagen, so stirbt der betreffende Mensch oder das betreffende Thier im Schlafe. Stirbt ein Soldat vor der Schlacht, so sagt man, sein vjedogonja habe mit Teufeln gekämpft und sei im Kampfe erschlagen worden. Die Küstenländer erzählen, die vjedogonjen kämen vom italienischen Gestade herangeflogen, um mit den hierländischen Kämpfe aufzuführen [18]).

Nach einer anderen Fassung sind die vjedogonjen nichts Anderes denn Hausgeister (domašnie duchi), die das Gehöfte und die Habe eines Jeden vor Diebsangriffen und vor anderen vjedogonjen beschützen. Wann der Wind durch's Laub rauscht und die Wipfel der Bäume bewegt, sagt man, die vjedogonjen kämpfen miteinander.

---

[17]) Der Russe schreibt vjedosonja.

[18]) Bei KARADŽIĆ a. a. O. S. 251: ovaki duhovi po planini izvaljuju drveta te se njima biju izmegju sebe, n. p. Bokeski s Neapolitanskima, pa koji nadvladaju, oni rod od ljetine privuku na svoju zemlju.

Die erste Fassung hat mit der zweiten nichts zu thun, in jeder aber sind mit der ursprünglichen Vorstellung vom personificirten Wirbelwind abseits liegende Elemente, die vom Schutz- und Hausgeist verquickt worden. Bezeichnend und auffällig ist es jedenfalls, dass in Slavonien das Volk den vjetro-gonja durchaus nicht mit dem Schutzgeiste in Verbindung bringt, während der von Popov mitgetheilte Glaube zufolge der Angaben Wolf Karadžić's nur in der Bocca di Cattaro vorzukommen scheint. Der Umstand, dass in der reichen Volksliteratur der Südslaven, meines Wissens, sonst gar nicht des vjedogonja gedacht wird, muss gleichfalls betont werden. Die Verquickung verschiedener Vorstellungen im vjedogonja-Glauben des Bocchesen möchte ich dem durch die Meeresnähe erhöhten Einfluss des italienischen Volksthums jüngerer Zeit auf die slavischen Bewohner des Landes zuschreiben.

Schlangen.

Als ursprünglich fremdartig der slavischen Vorstellung erachte ich auch den Glauben, nach welchem der Schutzgeist als Schlange auf dem Herzen des Menschen ruht. Die Schlange fährt dem Schlafenden aus dem Munde, macht Ausflüge und kehrt wieder in den Menschenleib zurück. Inzwischen liegt der Mensch leblos da. Paulus Diaconus erzählt eine solche Sage vom König Gunthram. In der deutschen Sage fährt dem Schlafenden eine Katze oder eine rothe Maus aus dem Munde [19]). Nicht ganz zu-

---

[19]) Bei J. Grimm: Deutsche Mythologie, S. 1036.

treffend bemerkt J. Grimm: „die Meinung sei alt,
dass der Geist aus der entschlafenen Zauberin, als Schmetterling gestaltet, fahre“.
Die Zauberin verwandelt sich selber häufig in einen
Schmetterling oder eine Kröte. Fängt man den
Schmetterling ein und brennt ihn an, so weist nachher die Hexe Brandwunden auf dem Leibe auf [20]).

Bei den Südslaven kommt der Zug (ich sage
nicht etwa der Glaube) von der Schlange im
Menschen nur in zwei stereotypen Sagen vor. Die
erstere, die nun folgt, ist Gemeingut aller Indogermanen, weist auch keinen specifisch slavischen
Zug auf [21]). Ein Bürschlein zieht aus in die Welt
und trifft in einer Stadt eine Rotte Leute, die eben
ein Grab öffnen, um die Leiche zu schänden, weil
der Verstorbene vor seinem Ableben seine Schulden
nicht bezahlt hatte. Der Bursche erlegt ihnen seinen
ganzen Reisepfennig als Zahlung für den Verstorbenen und wandert dann weiter. Bald darauf schliesst
sich ihm ein fremder Wandersmann als Begleiter an.

---

[20]) Bei F. S. Krauss: Südslavische Hexensagen. Wien
1884, S. 29 f. Ueber Schlangen, Kröten und Unken als
Fetische vergl. Julius Lippert; Christenthum, Volksglaube
und Volksbrauch. Geschichtliche Entwicklung ihres Vorstel-
lungsinhaltes. Berlin 1882, S. 492 ff.

[21]) Ich theile hier mit die jüngste bekannte Variante aus
der Bosanska Vila, Sarajevo 1886, I. Nr. 15. S. 236—237
Eine andere, kaum etwas verschiedene bulgarische Fassung
vgl. im: Periodičesko spisanie na bulgarskoto knižovno dru-
žestvo vŭ Srjedecŭ. 1885, Hft. XIV. S. 317 f. Bekannt ist die
deutsche Fassung bei Simrock: „Der gute Gerhard und die
dankbaren Todten“.

Nach verschiedenen Fährlichkeiten und Zufälligkeiten gelangt der Bursche an den kaiserlichen Hof und heiratet die Prinzessin. Diese Prinzessin war schon oftmalens verheiratet gewesen, doch jedesmal in der Brautnacht war der Gatte gestorben. Nachts nämlich kroch aus dem Munde der Prinzessin eine Schlange heraus und tödtete den Beilieger. Der Gefährte des Burschen wachte aber am Lager seines Freundes, als dieser zur Seite der Prinzess ruhte, und wie die Schlange nacheinander ihre drei Köpfe aus dem Munde der Schläferin herausreckte, schnitt er ihr die Köpfe ab. Am Morgen nahm der Gefährte vom Eidam des Königs Abschied, nachdem er ihm vorher noch mitgetheilt, dass er jener Verstorbene gewesen, dessen Leib der Bursche durch Loskauf vor Schändung bewahrt hatte.

Von der Schlange auf dem Herzen des Helden wird auch nur in einer im Guslarenliede stereotypen Episode erzählt, besonders in dem mehrfach bekannten Gesang vom Königssohn Markus und seinem Strauss mit Mustapha, dem Beutelschneider und Wegelagerer [33]): „Unversehens zog Markus das

---

[33]) Bei Wolf Karadžić Srps. nar. pjesme. Wien. II. S. 409. Varianten bei Kačanovski Vladimir: Sborniků zapadno-bolgarskich`pjesenů, sobralů. — St. Petersb. 1882, S. 949, Nr. 168· V. 57 f. Vienac uzdarja narodnoga O. Andriji Kačić Miošiću na stolietni dan preminutja. U Zadru 1861, S. 17. V. 123—127:

> ali treće još za boj ne znade,
> na trećem je guja troglavkinja.

„Auf dem dritten (Herzen) liegt eine dreihäuptige Schlange." Vgl. bei Strohal R.: Hrvatskih narodnih pripoviedaka knjiga I. Narodne pripoviedke iz sela Stativa. Fiume 1886, S. 250 f. Nr. 81: O Marku kraljeviću i črnem Harapu.

Stilet und trennte dem Mustapha, dem Beutelschneider, den Leib auf. Doch Mustapha hat drei
Heldenherzen. Drei Rippenlagen, je eine unter der
anderen; ein Herz war ermüdet, das andere eben
munter geworden, auf dem dritten schläft eine giftige Viper. Als die Viper erwachte, sprang der todte
Mustapha auf dem Rasenplan herum. Da sprach noch
zum Markus die Viper: „Bet zu Gott, o Königssohn
Markus, dass ich nicht erwacht, als Mustapha noch
am Leben war. Masslos schlimm wär's dir ergangen."

Ich mag POTEBNJA [88]) nicht beistimmen, insoferne
er aus dieser Stelle zu folgern scheint, dass es slavischer Volksglaube sei, nach welchem dem Helden
eine Schlange auf dem Herzen ruhe. Alle Varianten
gehen nämlich auf eine gemeinsame Sage zurück.
In allen ist der Sieger ein Slave, der Besiegte, der
Aufgetrennte, ein Nichtslave. So wie hier Musa der
Albanese, wird in einer anderen Fassung der Albanese Dino, in einer anderen wieder der Knabe
von Duka [84]), ein Rumäne, in einer anderen, noch
ungedruckten meiner Sammlung eine böse Vila am
grünen See im Hochgebirge genannt. Die Schlange
auf dem Herzen des Getödteten gehört mit zur Cha-
rakteristik des unterlegenen Helden. Ich erblicke

---

[88]) A. a. O. in den Drevnosti S. 175. Smertĭ bogatyra
proizošla otŭ togo, čto ego dolja spala, kogda onŭ bylŭ vŭ
opasnosti.

[84]) Bei KAČANOVSKI a. a. O. S. 344. Nr. 152. V. 96 t.:
ta izvadi nože potajniče (Markus nämlich)
ta si raspra djete Dukadinče
a ono ima do tri bre serce-te u. s. w.

därin nicht viel mehr als einen poetischen Ausdruck.
Die Stärke des Helden wird durch drei Rippenlagen,
der Muth durch drei Herzen, die List durch die
Schlange auf dem Herzen poetisch erklärt. Trocken
würde der Kampfbericht wohl so lauten: „Der sterbende Mustapha sagte: Hätte ich nur im Entferntesten geahnt, dass du dich im Zweikampfe so
plumper Hinterlist bedienen wirst, wäre ich dir zuvorgekommen; denn ich bin sonst weitaus schlauer und
verschlagener als du."

Die Glücksschlange.

Der Schutzgeist, welcher nicht blos dem Menschen,
sondern auch den Hausthieren und dem Hause im
Allgemeinen und auch dem Baume als Baumseele **)
zugesprochen wird, hat die Gestalt einer Schlange.
Das ist die Glücksschlange. Dieser Vorstellung dürfte
auch der Glaube zu Grunde liegen, dass in dem
Thiere ein unvollkommener Geist hause, welcher
durch den Thierkörper eine Wandlung zu einer
höheren Organisation durchzumachen hat. Erst im
Menschen, als im ausgebildetsten Wesen, erlangt die
Seele ihre endgiltige Verkörperung. In der unbewussten Vorahnung des zukünftigen Schicksals
schliesst sich das niederer organisirte Geschöpf als
getreuer Begleiter dem Menschen an und nimmt

**) Vgl. bei KRAUSS: Sagen und Märchen der Südslaven.
Leipzig 1883, I. Nr. 38. S. 182, die Sage vom Bauer und der
Schlange, und WILHELM MANNHARDT: Der Baumcultus der Germanen und ihrer Nachbarstämme, Berlin 1875, S. 44, § 13
Baum, Aufenthalt des Geistes.

unter günstigen Umständen auch plötzlich menschliche Gestalt an [36]). Unverkennbar ist die Anthropomorphisirung in dem bekannten Märchen vom Schlangenprinzen ausgesprochen, der als Schlange mit einer reinen Jungfrau sich vermählt und in der Brautnacht den Schlangenbalg ablegt. Dieser Zug ist dem südslavischen Sagenkreise nicht allein eigenthümlich, vielmehr gehört er mit zum Gemeingut der meisten Völker der Erde [37]). Es können zur Erklärung noch andere Gesichtspunkte mit Recht als massgebender erscheinen; die Lösung der Frage über die Entstehung und Verbreitung des Schlangencultes hängt ja damit enge zusammen. Die Sache ist zur Zeit noch zu verworren und dunkel.

Bei den Slovenen wird die Glücksschlange kača, bei den Horvaten und Serben einfach zmija, bei den Bulgaren zmij, zvij (im Breznicaer Bezirke) oder smok [38]), bei den Russen užů, bei den Wenden

---

[36]) Vgl. bei Krauss: Sagen u. Märchen. B. II. Nr. 84. S. 168.

[37]) Vgl. A. Bastian: Zeitschrift f. Völkerpsychologie, B. V, S. 288 ff., und Mannhardt: Antike Wald- und Feldculte aus nordeuropäischer Ueberlieferung, Berlin 1877, S. 65 f.

[38]) Vgl. bei den bratja Miladinovci: Bůlgarski narodni pjesni. Agram 1861, S. 536: smok, velika žuta zmija (ona zmija, koju svaka sretna kuća imati mora) = „Smok, grosse, gelbe Schlange, jene Schlange, von welcher Art jedes glückliche Heim eine haben muss". — Vgl. ferner bei Efrem Karanovů: Zmejatu (ažderů) i zmijata (zůmja) vů bulgarskata narodna poezija, im: Periodičesk. spisan. Hft. IX, 1884, S. 129, Nr. 10: „zmjeja vů pó-malůků vidů se prjedstavja kato smoků (otu smądja-můkną) i zmija." — Bei den Russen bedeutet smoků einen Seedrachen, einen Wallfisch. Ueber

h u ž, wuž, bei den Polen w ą ż, bei den Čechen h a d
genannt. Kača, zmij und smok könnten auch zur
Bezeichnung der gewöhnlichen Hauskröte dienen,
insoferne der Hausgeist zuweilen auch ihre Gestalt
annimmt [39]).

Die Schlange als der Schutzgeist des Menschen
wird mit dem Schutzgeist des Hauses und des Ortes
zuweilen identificirt, sowie nach den Inschriften-
zeugnissen im Volksglauben der Römer die F o r t u n a
T u t e l a nicht selten mit der F o r t u n a C o n s e r -
v a t r i x zusammengefasst und mit dem G e n i u s
l o c i verbunden erscheint. Ueberhaupt wird die Fortuna auch ohne individualisirenden Beinamen mit
dem Genius loci zusammengestellt. Sie bekommt
auch den Beinamen F o r t u n a D o m e s t i c a [40]). So
ist sie der eigentliche Fetisch des Hausstandes.

Jeder Mensch hat eine Schlange als Tutela, mit
welcher sein Gedeihen und sein glücklicher Fort-
bestand auf's Innigste verknüpft ist. Der Indianer
denkt sich sein Wohl und Wehe vom Besitze seines
Medicinbeutels unzertrennlich. Der Medicinbeutel ist

---

die Bezeichnungen für Schlangen bei verschiedenen Völkern
vgl. Aug. v. Edlinger: Erklärung der Thiernamen aus allen
Sprachgebieten. Landshut 1886, S. 94 f.

[39]) Vgl. bei Krauss: Südslavische Hexensagen, S 30, und
bei O. Kolberg im L u d. Jego zwyczaje, sposób życia, mova
podania etc. etc. B. VII. Krakau 1874, S. 115 Nr. 39; den
naiven Erklärungsversuch des Volkes, welchem der alte Glaube
an die Hauskröte als den Schutzgeist abhanden gekommen,
man dürfe die Hauskröte nicht tödten, weil auch dieses Geschöpf Jesum den Herrn lobt.

[40]) Peter bei Roscher a. a. O. S. 1522 und 1523.

ja nicht minder ein Fetisch als die Schlange. Ver-
endet die Tutela, so muss ihr der Mensch im Tode
nachfolgen. Auf diesem Glauben ist folgende, den
Südslaven und den Slaven überhaupt, sowie auch
den Deutschen wohlbekannte Volkssage aufgebaut [41]):

„Es war einmal ein Kind, dieses mochte nie mit
dem übrigen Gesinde mit zu Tische essen. Nachdem
alle Anderen schon zu Mittag gegessen, nahm erst
das Kind Nahrung zu sich, und zwar sass es dabei
immer auf der blossen Erde. Vater und Mutter
dachten: ‚Wie mag's denn nur kommen, dass das
Kind nie zu Tische mitessen will, sondern immer nach
Tische isst?‘ Da sagte der Vater: ‚Na, wart' nur,
ich muss mal durch's Guckloch in's Zimmer hinein-
lugen, wann das Kind allein isst, damit ich sehe,
was das Kind treibt.‘ So hat er's auch richtig gethan.
Nachdem die Leute vom Tisch aufgestanden, gingen
sie aus dem Zimmer hinaus, das Kind aber setzte
sich auf die Erde nieder und fing an zu essen. Als
Niemand mehr im Zimmer war, begann das Kind zu

---

[41]) Die mitgetheilte Fassung aus dem horvatischen Bezirk
der Slovenen. Im Slovenski narod, Laibach 1873, S. 273.
POTEBNJA a. a. O. S. 174 führt dieselbe Sage nach SZREZNEWSKI
an, mit dem Bemerken: „eto bylo vŭ Slovenskoj zemlje".
(Das hat sich im slovenischen Lande zugetragen.) — Ueber
Schlangencult in deutschen Landen vgl. bei Dr. OTTO HENNE
AM RHYN: Die Deutsche Volkssage im Verhältniss zu den
Mythen aller Zeiten und Völker. II. Auflage. Wien 1879,
S. 113—121. — Ueber Schlangenfetischismus bei ausser-
europäischen Naturvölkern vgl. bei FRITZ SCHULTZE: Der
Fetischismus. Ein Beitrag zur Anthropologie und Religions-
geschichte. Leipzig 1871, S. 215—218.

piepsen: ‚pi, pi, pi‘, als ob es ein Hühnchen lockte,
wirklich aber rief das Kind seine Schlange herbei.
Die hielt sich unter dem Bette versteckt. Die Schlange
wand sich immer näher und näher und ass dann mit
dem Kinde mit. Kaum hatte der Vater die Schlange
gewahrt, so sprang er in's Zimmer hinein und tödtete
die Schlange. Darauf sagte das Kind zum Vater:
‚Vater, warum hat du mein Hühnchen erschlagen?
Nun muss ich sterben, noch bevor die Uhr um Mitternacht zwölfe schlägt.‘ So ist's auch geschehen. Das
Kind ist den Abend gestorben.“

In vorchristlicher Zeit wurden bei den Polen und
im angrenzenden Lithauen in vielen Gegenden die
Schlangen als Gottheiten verehrt. Eine Schlange
tödten galt als aussergewöhnliches Vergehen. Der
Tödter wurde völlig in Acht und Bann gethan[42]).

Jedes Heim hat seine eigene Glücksschlange.
Kommt die Schlange um's Leben, so stirbt auch
bald ein Mitglied desselben Hauses. Diese Hausschlange heisst bei den Bulgaren domakinja
(domestica, lateinisch) oder saibija[43]). Ihr Aufenthalt ist der Kuhstall. Man achtet sie wohl und lässt
ihr nach dem Kuhmelken Milch zum Trinken zurück.
Tödtet man die domakinja, so muss die Hausfrau
auch sterben. Wenn eine Kreuzotter (rogčetata na

---

[42]) Bei O. Kolberg im Lud. Krakau 1884, Bd. XVII.
S. 145 f.

[43]) Ein Lehnwort aus dem Türkischen: evsahibi (der
Hausherr). Ursprünglich Arabisch: sahib (Freund, Genosse,
Herr, Eigenthümer).

zmìjata) bei einem haust, so bringt sie Nutzen und Vortheil [44]).

Derselbe Glaube findet sich ganz so auch bei den Polen [45]). Bei den Wenden im Spreewalde glaubt das Volk, in jedem Hause (unter dem Dache) hausen zwei Schlangen; die bringen Glück und Gesundheit. Die eine heisst góspodaŕ (Hauswirth), die andere góspoza (Hausfrau). Wenn die Wirthin stirbt, stirbt die góspoza auch; wenn der Wirth stirbt, stirbt auch der góspodaŕ. Füttern braucht man sie nicht; sie gehen in den Stall und saugen so viel Milch aus als sie wollen [46]).

So erzählen auch die Šlovaken und Čechen. Am bekanntesten ist aber der Glaube, dass sich die Schlange der Kuh um die Beine windet und die Milch austrinkt [47]). Die Schlange gilt auch als Schutz-

---

[44]) Bei Karanovǔ a. a. O. S. 132, Nr. 61; S. 133, Nr. 62; Nr. 63; ako ubijątü domakinja (zmijata na kąštata), šte umrje i stupana na kąštata. S. 130. Nr. 28.

[45]) Vgl. O. Kolberg a. a. O. S. 146, Nr. 2, 3, 4, 5.

[46]) Vgl. Willibald v. Schulenburg: Wendische Volkssagen und Gebräuche aus dem Spreewald. Leipzig 1880, S. 96. Dieses Werk bietet höchst werthvolle Angaben in jeder Beziehung dar.

[47]) Das ist eine grundlose Fabel, denn Schlangen trinken keine Milch. O. Kolberg citirt a. a. O. S. 147, Anm. einen Artikel aus dem Przyrodnik, Lemberg 1872, II, S. 113 von Dr. Jachna: „Ueber Schlangen und Würmer in Galizien". Schlangen trinken nur in höchster Noth Milch. Der Glaube, dass Schlangen Kühe aussagen, wäre höchst albern, denn die Kuh liesse eine Schlange gar nicht heran. Zudem könne eine Schlange überhaupt nicht saugen.

geist der Kühe. Eine čechische Sage [48]) erzählt: In einem Dorfe an der Waag besass ein Bauer eine Kuh. Eine Schlange saugte an dieser Kuh. Davon wusste der Bauer nichts. Nun traf es sich, dass der Bauer die Kuh, weil sie stützig war, in ein anderes Dorf jenseits der Waag verkaufte. Als die Stunde nahte, wo die Kuh der Schlange die Milch zu reichen pflegte, lief die Kuh von der Weide davon, schwamm über die Waag, stellte sich im alten Stall ein und liess die Schlange Milch saugen. Der neue Eigenthümer war aber der Kuh nachgelaufen. Kaum erblickte er die Schlange, so tödtete er sie auch schon. Da ging die Kuh zu Grunde.

Nach dem bulgarischen Volksglauben gibt es auf den Feldrainen und Wiesen Schlangen, welche die Grenzen bewachen [49]). Diesen Schutzgeist oder Fetisch der Marken darf man füglich als eine Fortuna Conservatrix bezeichnen.

Die Schlange wurde ganz zutreffend von den römischen Künstlern der Fortuna als Attribut beigegeben. Eine Bronzestatue der Isis Fortuna aus Pompeji hat auf dem Haupte eine Schlange. Eine andere Fortuna-Statue zeigt eine Schlange als Armband, bei einer anderen wieder windet sich die Schlange um das Füllhorn [50]). Einer Fortuna

---

[48]) Bei BOŽENA NĚMCOVA, Sebr. spis. VIII. 217. Citirt von POTEBNJA a. a. O. S. 174.

[49]) Bei KARANOVU a. a. O. S. 133, Nr. 65.

[50]) Bronzi di Ercolano 2, 25 und 26. PETER bei ROSCHER a. a. O. S. 1531, 1534, 1552 und 1553 gibt die Fundstätten genau an.

Panthea windet sich um die rechte Hand eine Schlange [51]). FRIEDERICHS erwähnt [52]) noch eine auf der Originalzeichnung bei ROSCHER nicht sichtbare Schale, „die, da sie nicht von der Hand der Fortuna berührt werde, in anderem Sinne als sonst an Götterstatuen angebracht scheine". „Vermuthlich ist sie nebst der Schlange, die daraus trinken zu sollen scheint, von der Hygiēa entlehnt." Die Vermuthung ist wohl überflüssig, denn beiden Göttinnen kommt die Schlange mit gleichem Rechte als Attribut zu. Die Begriffe Glück und Gesundheit decken sich nach der Vorstellung aller Völker. Zum Glück gehören nach der Anschauung der Altgriechen Jugend, Gesundheit und Schönheit.

Begegnung mit Schlangen.

Aus der hohen Bedeutung, welche man der Hausschlange im Volksglauben beimisst, ergibt es sich von selbst, dass überhaupt eine jede Begegnung mit einer Schlange als ein bedeutungsvolles Ereignis betrachtet wird. Daran knüpft sich vieler Fetischzauber. Wer im Frühjahr auf seinem ersten Ausgang in's Waldesgrün einer Schlange begegnet, wird das ganze Jahr hindurch Glück haben [53]). Wer Gelegenheit findet, die Füsse einer Schlange zu sehen, wird grossen Reichthum erlangen [54]). Stösst man auf

---

[51]) Bronzestatue in Berlin, abgebildet bei ROSCHER, S. 1534.

[52]) Berlins antike Bildwerke 2. S. 425, cit. von PETER a. a. O.

[53]) Vgl. Slovenski narod, Laibach 1873, S. 273; aus Noršinci.

[54]) Bei KARANOVŬ a. a. O. S. 130. Nr. 33.

zwei ineinander gerollte Schlangen, soll man sie mit
einem Tuch bedecken. Nachher wird man leicht
Reichthümer erwerben[55]). Erblickt man zwei zusammen-
gerollte und ineinander verwickelte Schlangen, so soll
man so viel man nur kann Knoten in ein Tüchel
schürzen[56]). Geräth man später je in eine verwickelte
(verknotete) Angelegenheit hinein, braucht man blos
je einen dieser Knoten zu lösen und man wird aus
den misslichen Verhältnissen sich auslösen. Durch
Auflösung eines solchen Knotens vermag man sich
selbst aus dem Kerker zu befreien[57]). Am Tage der
heiligen 40 Märtyrer fangen in Bulgarien die Land-
leute Schlangen ein, schneiden ihnen den Kopf ab
und stossen später Sämereien durch die Mundöffnung
der Schlange durch, damit das Jahr ein frucht-
bringendes sei[58]).

Dagegen hält man es nicht für ein günstiges
Vorzeichen (ne e na dobro), wenn vor dem Wanderer
eine Schlange über den Weg läuft[59]). Wer aber eine
Schlange bei Sonnenuntergang erblickt, muss sterben[60]).

---

[55]) Ebd. S. 131, Nr. 37.

[56]) Ueber die Symbolik des Knotenschürzens und Auf-
lösens bei verschiedenen Völkern vgl. FELIX LIEBRECHT: Zur
Volkskunde. Alte und neue Aufsätze. Heilbronn 1879, S. 322.
Speciell über das Nestelknüpfen bei den Südslaven vgl.
KRAUSS: Sitte und Brauch der Südslaven Wien 1885, S. 539
und 572.

[57]) Bei KARANOVŬ S. 131, Nr. 38.

[58]) Ebd. S. 132, Nr. 52. Ist auch in Serbien üblich.

[59]) Ebd. S. 130, Nr. 28.

[60]) Ebd. Nr. 34. Vgl. die deutsche Redewendung: „Seine
Sonne ist untergegangen". Der russische Forschungsreisende

Die hierin ausgesprochene Symbolik ist klar genug.
Der slavonische Bauer hält es überhaupt für ein
pessimum omen, wenn Jemand s e i n e e i g e n e
Schlange erschaut. Nur weiss der Mensch nie, welches s e i n e Schlange sei.

* *

*

Die Namen für Glück und Glücksgottheiten.

Auf den ersten Blick mag die anscheinend grosse
Verschiedenheit in der Benennung bei den arischen
Völkern befremden. Selbst die slavischen Völker bedienen sich nicht ausschliesslich eines Namens für
„Glück" oder für „Glücksgöttin". Geht man tiefer
nach der ursprünglichen Bedeutung der bezüglichen
slavischen Namen, so erkennt man, dass alle fast
wesentlich von einer räumlichen Vorstellung ihren
Anfang entlehnt, von der Vorstellung des „G e h e n s
v o n oder z u einem Ausgangspunkte" oder des
„S p a l t e n s oder T h e i l e n s", bezw. des „Ver-
theilens". Jede Sprache ist reich befähigt, verschie-

A. N. Krasnov erzählt in seinem Berichte über seine Expe-
dition nach Chan-Tengri im Tjan-Schan (December-
sitzung der St. Petersburger kais. geographischen Gesellschaft
1886): „Eigenthümlicher Gebräuche bedienen sich die dortigen
Kirgisen bei dem in jener Gegend sehr häufig und in grosser
Anzahl vorkommenden Schlangenbiss. Die Bewohner glauben
nämlich, dass eine jede Schlange einen besonderen Namen
trage, und falls der Gebissene im Stande ist, den Namen der
Schlange zu errathen, müsse er sofort gesund werden." Nach
einer Notiz des „St. Petersburger Herold" vom 2. (14.) December, Nr. 336, im Beiblatt, 1886.

dene Wurzeln zur Bezeichnung einer und derselben Vorstellung und wieder ein und dieselbe Wurzel zu verschiedenen Vorstellungen heranzuziehen. Gewöhnlich sind die Verschiedenheiten nur äusserlich. Auch Worte kämpfen einen Kampf um's Dasein. Bei gesteigerter Sprachentwicklung, welche durch erhöhte Cultur bedingt ist, muss endlich eine Wurzel einen bestimmten Sinn in gewissen festen Verbindungen vor allen anderen Concurrentinnen behaupten. Sie zieht dann eine ganze Gruppe verwandter Vorstellungen in ihren Kreis hinein. Dabei kommt es vor, dass ein und dasselbe Wort in derselben Sprache zwei und oft auch mehrere von einander scheinbar ganz abweichende Functionen bezeichnen kann. So heisst z. B. j a m i t i in der serbischen Mundart der Hercegovina „h e r b e i h o l e n“, „h e r b e i s c h a f f e n“, dagegen in Slavonien und Syrmien, wo gleichfalls das Volk serbisch spricht, „a u s d e m W e g r ä u m e n, w e g l e g e n, b e s e i t i g e n“. Die ursprüngliche Bedeutung der Wurzel j ĭ m ist „nehmen“. Dieses „Nehmen“ wird nach der Richtung, nach welcher man etwas nimmt, ein h e r n e h m e n oder w e g - n e h m e n, gleich dem serbischen d o k u č i t i und u k l o n i t i.

Für den Begriff des Z u f ä l l i g e n, welcher der Vorstellung vom Glück zu Grunde liegt, halten die Slaven hauptsächlich vier Ausdrücke ihrer Sprachschatzes fest. Drei davon gehen zurück auf die Vorstellung vom „T h e i l e n“. Allen Slaven gemeinsam ist der Ausdruck **bogŭ** (altslav.), der bei den Slaven, seitdem sie das Christenthum angenommen, zur Be-

zeichnung des alleinigen Gottes (Jehova's) deter-
minirt erscheint. Bogŭ muss ursprünglich bei den
Slaven, so wie bei den Indern bhaga, als die
Gottheit des Reichthums und des Glücks, als der
mächtige Fürsprecher bei den übrigen Göttern ge-
golten haben. Welch hoher Verehrung bhaga bei
den Indern frühzeitig theilhaftig geworden, zeigt im
Rigveda [61]) das herrliche Morgenlied an bhaga
und andere Götter.

I. Früh morgens laden Agni wir und Indra ein,
früh morgens Mitra-Varuna, die Ritter [62]) früh,
früh morgens Bhaga, Pushan und Brihaspati,
früh morgens laden Soma wir und Rudra ein.

II. Wir wollen den, der früh gewinnt und austheilt,
den mächt'gen Bhaga, den Aditya,
von dem der Schwache, ja auch der sich stark dünkt,
der König selbst: „Dich möcht' ich haben!" sagt.

III. O Bhaga, Führer, Bhaga, wahrhaft Reicher,
begünst'ge. Bhaga, dieses Lied, uns spendend,
o Bhaga, mach' uns reich an Ross und Rindern,
und lass, o Bhaga, uns an Helden reich sein!

IV. Auch jetzt versorge uns mit reichem Antheil
beim Tagesanbruch und in Tages Mitte;
Und, o Gewalt'ger, bei der Sonne Heimgang
lass du uns stehen in der Gunst der Götter.

V. Ja, reich an Gaben sei, o Götter, Bhaga
durch ihn auch mögen wir an Gaben reich sein;
d'rum ruft zu dir, o Bhaga, wahrlich Jeder,
so gehe du, o Bhaga, hier voran uns!

---

[61]) VII. 41. Rigveda, übersetzt und mit kritischen und
erläuternden Anmerkungen versehen von HERMANN GRASSMANN.
Leipzig 1876.

[62]) So übersetzt GRASSMANN die Aśvin's, die beiden Dios-
kuren.

VI. Zum Opfer mögen sich die Morgenröthen,
wie Dadhikra zum hellen Orte wenden;
Sie mögen nah herbei den reichen Bhaga
uns zieh'n, wie schnelle Rosse zieh'n den Wagen.

    VII. [Stets mögen uns die Morgenröthen leuchten,
die schönen. reich an Rossen, Rindern, Helden,
vom Fette triefend, stets von Nahrung schwellend;
Ihr Götter, schützt uns stets mit eurem Segen!]

GRASSMANN hat wohl Recht, wenn er den Schluss-vers einklammert, mit der Bemerkung: „Vers 1 ist vielleicht späterer Zusatz". Lässt man nämlich diese beiden Verse weg, so bleibt nur das sehr charak-teristische Lied an Bhaga übrig. Bhaga wird hier theils als Gott des Reichthums und des Glücks an-gerufen, theils wird er als das Glück selber herbei-gewünscht. An die übrigen Götter richtet sich das Gebet, damit sie ihm (dem Bhaga) das Glück herbei-schaffen.

Als Gott des Reichthums und des Glücks ist Bhaga — Bog im südslavischen Volksliede noch er-kennbar. JOHANNES aus Damask [68]) gibt folgende, vielleicht volksthümliche Etymologie von Bog: bo-gomŭ zovjemŭ boga, nebono begatĭstva vsjemŭ otŭ togo sutĭ. (Wir nennen Gott Gott, weil von ihm alle Reichthümer herrühren.) Zum Theil ist diese Etymologie nicht ohne Berechtigung. Bogŭ ist die Personification des abstracten Begriffes bogactvo. Bozanstvo (Gottheit) und bogactvo (Reichthum) sind ursprünglich logisch ein und dasselbe. BOEHT-LINGK-ROTH geben im Sanskrit-Wörterbuch unter dem

---

[68]) Citirt bei MIKLOSICH im Lex. palaeoslov. S 38, unter bogŭ.

Schlagworte bhaga viel werthvolles Material an,
aus welchem ich hier die für uns wichtigsten Angaben wiederhole: bhaga (von bhaj, theilen,
bhâgya, Zugetheiltes, Loos⁴⁴). a) (eig. Mittheiler),
Brotherr, reicher oder gnädiger Herr, Schutzherr
(vgl. lord). Häufig wird Savitar so genannt; indessen kann in einigen der anzuführenden Stellen
zweifelhaft sein, ob nicht Bhaga als Hauptbegriff
zu fassen sei. An diese Bedeutung Herr ist das
zendische bagha, altpers. baga und slav. bogŭ
anzuschliessen Daher auch b) N. eines der Âditya.
Von ihm erwartet man Glück und Wohlstand.
Bhaga stiftet Liebe und Ehebündniss (vgl h) A. V.
2, 36, 4. 14, 1, 51. Fig. 6, 74, 1. 82, 3. Die
Morgenröthe ist seine Schwester; seine Zeit ist der
Nachmittag vor dem Austritt der Sonne aus dem
Horizont; sein Nakshatra sind die späteren
(uttara) Phalgunî, die sich zu Eheschliessungen
besonders eignen, T. Br. 1, 1, 2, 4. Çânkh. Grhj.
1, 26. Auch das Nakshatra selbst wird kurzweg
durch bhaga bezeichnet. Nach der Legende ist
Bhaga geblendet. c) N. der Sonne. d) N. des
Mondes Anekârtha dhvani maṅgarî im Ç. K. Dr.
e) N. eines Rudra ebend. M. Bh. 1, 2567. 4826.
f) gutes Loos, Wohlstand, Glück. g) treffliche Be-

---

⁴⁴) Bhagaghna (Bhaga's Mörder), Bhaganetraghna,
Bhaganetranipâtana, Bhaganctrahan (der dem Bhaga
die Augen ausschlug), Bhaganetrahara, Bhaganetrahṛit
(der Bhaga um die Augen brachte), Bhaganetrântaka
(der den Augen Bhaga's ein Ende machte) [vgl. Boehtlingk-
Roth unter den betr. Worten] sind Beinamen des Gottes Çiva.

gabung, Herrlichkeit, Würde; Lieblichkeit, Schönheit. *h)* Liebesglück, Liebeslust, Liebe; Zuneigung."

Welche von diesen Bedeutungen Bhaga's im südslavischen bog nachklingen, werde ich bald nachher durch Belege darthun.

Der zweite bei den Nord- und Westslaven und bei den Bulgaren verbreitetste, bei den Serben, Horvaten und Slovenen dagegen nur in gewissen Verbindungen vorkommende Ausdruck für Glück ist **čenstĭ** (altslav.), welches dem altgriechischen meros (Theil, Antheil) entspricht. Das Glück wird als Antheil des Individuums an den irdischen Gütern des Lebens aufgefasst. Die mythische Personification fehlt hier ganz. Im Altslavischen dobraja čęstĭ für „gutes Glück", etwa wie wir sagen: „ein glückliches Los". Russisch sčastje, sčascé Glück; učastĭ Schicksal; Čechisch: učasť Schicksal, štěstí Glück; Polnisch: szczęście Glück [65]), szczęśliwość Glückseligkeit [66]), uszczęśliwić beglücken [67]), szczęsliwy, -a glücklich [68]); nieszczéście Unglück [69]), nieszczęśliwy unglück-

---

[65]) Bei O. Kolberg im Lud II. 1865, S. 177, Nr. 209, V. 12: sz. bilo snem!

[66]) Ebd. Nr. 216, S. 183, V. 23: a wielbiąc twoją szczęśliwość. Vgl. VI. 1873, S. 427, Nr. 685 Strophe 7.

[67]) Ebd. II. 1865, S. 175, Nr. 205. Str. 5: u mnie koniecznie.

[68]) Vgl. Ebd. I. 1857 (Warschau) S. 252, Nr. 26, V. 1, 8; S. 253, Nr. 26. V. 1: bywaj zdrowa i szczęsliwa o dziewczyno moja.

[69]) Ebd. I. 1857, S. 254, Nr. 28a, Str. 10: wydaj mnie za niego — jeżeli nie pragniesz — nieszczęścia mojego. Vgl. IV, S. 51, Nr. 215.

lich [10]). Daneben sind in die polnische Sprache noch eingedrungen: fortuna [11]) und los [12]), letzteres in der Bedeutung von Schicksal.

Im Bulgarischen sagt man čestĭ und čjastĭ sowohl für „Antheil" als für „Glücksgut" und „Glück"; čestitĭ heisst ‚glücklich' im Sinne von ‚wohlhabend' und ‚tüchtig' oder „ehrenfest"; čestitja ich beglückwünsche; zločestija Unglück. Aehnlich auch im Serbischen, wenngleich sehr selten čast für ‚Glück', ‚Wohlstand'; čest zla ist bezeugt im Sinne von zla sreća (böses Glück); čest übersetzt Miklosich [13]) mit lat. prosperitas und zločes [14]) mit unglücklich; genauer wäre ‚unglückselig'; čestitam = bulg. čestitja. Vrgl. Lithauisch: ščeste Glück; nečestis Unglück.

Als dritter Ausdruck schliesst sich an bog und čest an **dola** ‚der Antheil', ‚Theil', bei den Weissrussen (dolja) auch im Sinne von ‚Los', ‚Schicksal', bei den Polen [15]) gewöhnlich als ‚Schicksal', bei den Kleinrussen (dol'a) häufig als Glück personificirt. Polnisch niedola

---

[10]) Ebd. S. 44, Nr. 5; S. 143, Nr. 10a, V. 7; S. 260, Nr. 31d, Str. 3: com ja za nocliwy — com za nieszczęśliwy.

[11]) Ebd. S. 56, Nr. 5ii: matuli fortuna — w kómorze nietknięta. Bd. VII, S. 284, Nr. 505, V. 27: fortuna utracona.

[12]) Los uscęśliwiony ebd VI. 1873, S. 135, Nr. 269, V. 32; vrgl. ebd. S. 309, Nr. 543, Str. 6; S. 313. Nr. 551, V. 6; Nieszczęście losem mym włada; Lud II, 1865, S. 178, Nr. 210, V. 1.

[13]) Im Lex. palaeosl. S. 1131b.

[14]) Im Etymolog. Wörterb. S. 32a, mehreres.

[15]) Vrgl. bei O. Kolberg im Lud I. 1857, S. 96, Nr. 7m, V. 34f.: nieszczęśliwa ta dola — że pan wjechał do dwora.

ist ,Unglück', ,Missgeschick'[76]). Ebenso bei den Kleinrussen. Im Volksliede flucht eine Mutter ihrem ungehorsamen Sohn, der will auf den Kriegspfad:

> Bodaj že tja, synu,
> bodaj tja synu, tri nedolí spôtkalo!
> odna nedolja, štobŭ tja kozaki ne zljubili,
> ta j do svogo kurena što bi ne prijmili;
> druga nedolja, by tja jasní meći porubali;
> tretja nedolja, štobŭ tja kulí postrjeljali[77]).

Gäb es Gott, o Sohn, (bis) dass dir drei Unglücke zustossen (begegnen)! Ein Unglück, dass dich die Kosaken nicht liebgewinnen und dich in ihr Dorf nicht aufnehmen; (als) zweites Unglück, es mögen dich hellblinkende Schwerter zusammenhauen; (als) drittes Unglück, dass dich Kugeln tödten.)

Daneben sagt man im Poln. nieszczęśliwa dola[78]); im Klr. nečastnaja dolja[79]) ,unglückliche (Fügung des) Schicksal(s)'. Zuweilen werden sčastíe und dolja nebeneinander gestellt. So klagt z. B. im klr. Volksliede[80]) ein junger Mann:

> bulo menje, moja mati stanŭ saldnckij ne davati,
> liší mi bulo, moja mati sčastír, dolju dati.

(Du hättest mich, meine Mutter, nicht unter die Soldaten einreihen lassen, vielmehr hättest du mir, m. M. Glück und (ein gutes) Schicksal geben sollen.)

---

[76]) Ebd. II. 1865, S. 182, Nr. 215, V. 22: by mieli cierpić niedolę. I. S. 279, Nr. 37a: plakala w cichośći nadswą niedolą.

[77]) In den Narodnyja pjesni Galickoj i Uƒorskoj Rusi, sobranyja. Ja. T. Holovackimŭ. Moskwa 1878, Nr. 6, S. 10, V. 14—19.

[78]) Vrgl. bei O. Kolberƒ: VI. Krakau 1873, S. 283, Nr. 504; II. S. 142, Nr. 172, V. 1: aŭ niescęsna dola, za mąž mi niewola.

[79]) Bei Holowacki a. a. O. I. S. 27, Nr. 27, V. 34: pobila že mene molodu, ta neštasnaja dolja.

[80]) Ebd. I. S. 134, Nr. 5, V. 13 u. f.

Der vierte, besonders eigenartige, den Serben, Horvaten und Slovenen, wie es beinahe scheint, allein eigenthümliche Ausdruck für Glück ist **sreća,** die (zufällige) Begegnung. Am nächsten verwandt sind damit die griechische Tychē (Wz. teuk; berühren, treffen) und die römische Fortuna (Wz. fer; aind. bhar; tragen, bringen).

In den altslavischen Schriftdenkmälern lautete die Form süręšta und sręšta. Das Magyarische szerencse in der Bedeutung Glück und das Rumänische strinšte und streašte (das Loos) lassen darauf schliessen, dass die Südslaven, denen das Wort entlehnt ist, schon in den ältesten Zeiten mit dem Worte den gegenwärtigen Sinn verbanden. Die Kleinrussen haben zur Differenzirung von vstriča, welche Form bei ihnen blos Begegnung bedeutet, die ältere slavische Nebenform den Magyaren entlehnt und sagen für Glück (= Frau Saelde) auch serenče.

Einen selbstständigen, vom Serbisch-horvatischen unabhängigen Ansatz in der Verwendung des entsprechenden Zeitwortes von des Wz. rêt zur Bezeichnung des glücklichen Zufalles glaube ich im polnischen sratać der Mundart des Sandomirer Kreises erkennen zu dürfen [81]).

In der neubulgarischen Sprache heisst Sreća niemals Glück, sondern stets Begegnung. Unter

---

[81]) Vrgl. bei O. Kolberg im Lud II. S. 28 Nr. 11: nie mas ci matusi — nie mań ci tatusia — skim się będzies śratala? Vrgl. S. 60. Nr. 55. Str. 6. Im Anhange erläutert Kolberg: sratać, posratać się: zbratać się zkim, zaprzyjaźnić, pokumać, witać, lub żegnać serdecznie.

beiläufig 150.000 Versen bulgarischer Volkslieder und so vielen anderen Volksüberlieferungen der Bulgaren habe ich nicht eine einzige Ausnahme davon gefunden. Ein für den Ethnographen halbwegs brauchbares bulgarisches Wörterbuch steht gegenwärtig noch auf dem Wunschzettel der Slavisten. Da muss ich wohl durch Belege, die ich selber gesammelt, den Gebrauch des Wortes erläutern.

Im Neubulgarischen sagt man für sreća: srêtja, strêtja[82]), stredba, srešta, srješta, sreštba und prestreča. Z. B. stredba ide kego strete — kego strete mala moma — malka moma bjela Neda[83]) (er geht entgegen, um zu begegnen [bis] dem kleinen Mädchen der weissen Neda). Srešta ide deli Marko — v srešta ide, pesen pee[84]) (Entgegen geht Held M., geht entgegen, singt ein Lied) sreštba go sreštna čifutka — či mu rakija podadi[85]) (ihm begegnete eine Jüdin, welche ihm Branntwein reichte). (Vrgl. serbisch: u susret je gospa srete[86]). Nikoj gi ni ču ne vide — vidjela si e moma odŭ srješta — odŭ seló od Pančarevo[87]). — Na srješta mu Gina Ljatinina[88])

---

[82]) Das t nach s ist um der für das bulgarische Ohr gefälligeren Aussprache willen eingeschaltet.

[83]) Bei den Miladinovci B. n. p. Nr. 597. S. 494.

[84]) Ebd. Nr. 113. S. 166.

[85]) Ebd. Nr. 108. S. 162: Stojan i čifutče. Ihre Begegnung bringt ihm zwar Unglück, denn der Branntwein enthält ein Schlafmittel.

[86]) Bei Vrčvić Vuk: Srpske narodne pjesme iz Hercegovine. Wien 1866. S. 324.

[87]) Bei Kačanovski a. a. O. S. 215, Nr. 107. V. 22 f.

[88]) Ebd. S. 392. Nr. 167. V. 6.

(es begegnete ihm der Katholike Gina). Kakvá ala u srječu ne ide [89]). (Was für Drache kommt mir entgegen?) Na srješta í ludo mlado [90]) (Es begegnete ihnen ein junger, unerfahrener Mensch). Ve če se oprjedjelilŭ denĭ za srještata na dvamata imperatori [91]). — Na srještata štjelŭ da prisùtstvuva [92]). — Dvamata onjez junáci — z zla gu srješta pusrješnufŭ [93]) (Jenen zwei Helden begegnete er mit böser Begegnung). Otidoje le na prestreča — le sretije le s aramiji [94]). Das Zeitwort: posrješna go božĭja majtja, posrješna go popita go [95])

Im Altserbischen findet sich vereinzelt die Form srjekja; gegenwärtig: srjeća, sreća, srića; im Horvatischen: sretja, sritja, srića; im Slovenischen sreča (Deminutiv: srečica). Bei den Slovenen in Kärnten hat sich „unter dem hemmenden Einfluss des Deutschthums auf die slovenischen Laute" die alte nasalirte Form srenča [96]) erhalten. Die Bedeutung des Wortes sreća als Glück wiegt bei den Slovenen, Horvaten und Serben vor.

---

[89]) Ebd. S. 393. Nr. 168. V. 10.

[90]) Bei Bogorovŭ J. Bŭlgarski narodni pjesní — broj. I. Sofija 1879, S. 61. Nr. 55.

[91]) und [92]) Im Narodŭ (Plovdivĭ) I. Nr. 42. S. 168 b.

[93]) Im Periodič spisan. Sofija 1882, Hft. I. S. 170. V. 50 f. Der Held säbelte nämlich seine zwei Begegner nieder.

[94]) Bei Jastrebovŭ J. S. in Obyčai i pjesni tureckichŭ Serbovŭ (vŭ Prizrenje, Ipekje, Moravje i Dibrje). St. Petersb. 1886, S. 220.

[95]) Bei Kačanovski a. a. O. S. 102, Nr. 34, V. 32 f. vrgl. S. 101, Nr. 34, V. 7.

[96]) Miklosich, Vergleichende Grammatik der slavischen Sprachen, I. S. 309.

Namijer.

In Folge dieser ausgeprägten Determination der Sreća als Fortuna musste das Sprachbewusstsein einen anderen Ausdruck für die ursprüngliche Bedeutung von sreća in Umlauf setzen, das heisst ein Aequivalent schaffen für die „zufällige Begegnung" im gewöhnlichen Sinne des Wortes. Die serbische Sprache hat dafür den Ausdruck n a m i j e r oder n a m j e r a. Das ist der Z u f a l l, ein Ohngefähr, ganz unberechenbar und ungewiss, genau zu unterscheiden von S r e ć a, die bewusst den Menschen führt und leitet. Stereotyp ist die Formel n. n a n e l a. Z. B.: dok namijer nanese Mehmeda [97]) (bis ein Ohngefähr den Mehmed dahin trug). Namjera je starca nanijela — nagje starac sanduk od olova [98]) (Der Zufall trug den Alten hin, der Alte fand eine Bleikiste). Der wesentliche Unterschied zwischen s r e ć a und n a m i j e r leuchtet klar hervor aus folgendem Beispiel:

— boga moljaše,
da mu bog da dobru sriću naći,
dobru sriću od mira divojku:
— mili bože, ovo j' srića moja,
srića moja od mira divojka [99]).

(Er flehte zu Gott, dass ihn Gott auf ein gutes Glück stossen lassen ,möge, auf ein gutes Glück, von ohngefähr auf ein

[97]) Bei Krauss im Smailagić Meho etc. S. 15. Vers. 462.

[98]) Bei Wolf Karadžić, srpsk. nar. pj. II. 64.

[99]) In den Hrvatske narodne pjesme, što se pjevaju na Istri i na kvarnerskih otocih. Triest 1880, S 63, Nr. LXV. Die Bedeutung von o d m i r a haben die ungenannten Herausgeber nicht angegeben, wahrscheinlich, weil sie es selber nicht verstanden; zum Mindesten scheint ihnen dabei nichts auf-

Mädchen. Er stiess [wirklich ganz] zufällig auf ein junges Mädchen: ‚O mein lieber Gott, das ist mein Glück, mein Glück ein zufälliges [das mir durch Zufall in den Weg kam] Mädchen.‘)

Es steckt also in **namijer** gar nichts Mythisches. Nun versteht man wohl die Nebeneinanderstellung **namijer i sreća:**

> namijer ga i sreća nan'jela
> pred džamiju staru [100])

d. h. ‚Der Zufall und sein Glück (sein guter Genius) trugen (führten) ihn hin vor die alte (türkische) Betschule‘. Dort traf er nämlich an, er der verarmte Edelmann **Bogjulagić Ibro** seines verstorbenen Vaters treuen Freund, den Paša von Kanizsa, den reichsten und gutherzigsten Mann im Lande. **Namjera** deckt sich begrifflich mit der römischen **Fors,** der Personification des unberechenbaren Zufalls. Wie N. mit **sreća,** so ist Fors noch weitaus mehr mit **Fortuna** (beide Namen von **ferre**) verwandt und wird mit derselben gewöhnlich zu **Fors Fortuna** verschmolzen. Im Cultus tritt die Göttin einzig und allein unter diesem Namen auf [101]).

Begegnung und Glück.

Wie stark noch vom gegenwärtigen Sprachgefühl der innere Zusammenhang der Doppelbedeutung von

---

gefallen zu sein. Die Wörterbücher geben auch keinerlei Aufschluss. Ich denke, dass ‚mir‘ für ‚namír‘ wie ‚kana‘ für **nakana** (Entschluss) gesagt ist.

[100]) Aus einem noch ungedruckten hercegovinischen Guslarenlied: Golotinja B. J., ich gedenke das Lied im J. 1887 zu ediren. Es zählt 1725 Verse.

[101]) Vrgl. R. Peter bei Roscher im Ausführl. Lexikon etc. S. 1500.

sreća empfunden wird, zeigt sich in Stellen, wo man unschlüssig sein kann, ob man das Wort mit ‚Glück‘ oder ‚Begegnung‘ wiedergeben soll, z. B.

> ja urani rano u nedjelu
> ne bi li me koja sreća srela,
> koja sreća jelen jä košuta.
> Ne srete me jelen ni košuta
> već me srete lijepa djevojka [102]).

(Früh Morgens am Sonntag machte ich mich auf, in der Hoffnung, es werde mir irgend eine Begegnung (Glück) begegnen, ein Hirsch oder eine Hindin. Es begegneten mir weder Hirsch noch Hindin, sondern es begegnete mir ein schönes Mädchen.)

Ein anderes Beispiel:

> dobra ga je sreća susritnula [103])

‚ihm traf sich eine günstige Begegnung‘.

Die Grenze mythischer Anempfindung ist hie und da gar nicht leicht herauszufinden, wenn es z. B. heisst:

> dobra im se sreća ukazala [104])

es hat sich ihm eine gute sreća gezeigt.

Bei Segenssprüchen muss man noch eher auf die Vermuthung kommen, dass unter Begegnung ein besonderes Omen des Volksglaubens gedacht wird:

> sretni tvoji puti bili
> i u putu dobra sreća! [105])

(‚deine Wege sollen glücklich sein und auf dem Wege sollst du günstige sreća haben‘.)

---

[102]) Bei DAVIDOVIĆ S. N. in Srpske narodne pjesme iz Bosne (ženske), Pančevo 1884, S. 100. Nr. 166.

[103]) Im Bosanski prijatelj II. Agram 1851, S. 111.

[104]) Im Uzdarje, S. 50, V. 103.

[105]) Bei PETRANOVIĆ a. a. O. S. 83, Nr. 84.

Hochzeiter ziehen des Weges, singen zu Zweien und schiessen zu Zweien ihre Gewehre ab:

da dobiju dobru sreću[106])
‚um gute Begegnung zu gewinnen‘.

Hieher gehört auch das Gückwünschen. Bei den Indern hat dasselbe z. B. eine eminent religiöse Weihe erlangt, während es bei den Südslaven mehr vertrauliche Höflichkeit bedeutet. Vor jeder religiösen Ceremonie muss der Inder Brahmanen bewirthen und sich von ihnen Glück wünschen lassen. Der Hausvater bittet die Brahmanen, ihm ‚guten Tag‘ (puṇyâham) zu wünschen. Die Brahmanen: ‚Om[107]), günstiger Tag!‘ — Hausherr: ‚Om, mögen die Herren Heil (svasti[108]) wünschen!‘ — Die Br.: ‚Heil dem Langlebigen!‘ — Hh.: ‚Gedeihen (riddhi) mögen die Herren wünschen!‘ — Die Br.: ‚Du sollst gedeihen!‘ — Hh.: ‚Om, Glück sei (dir) (śrîr astu), mögen die Herren sprechen!‘ Die Br.: ‚Glück sei (dir)!‘ Diese Ceremonie nennt man das puṇyâhavâcanam „Guten-Tag-wünschen-lassen“. Es ist die Einleitung zu allen religiösen Ceremonien. Vor allen Opfern, vor der Hochzeit und allen feierlichen Anlässen ist sie unumgänglich geboten. Aehnlich pflegen die polnischen und deutschen Juden dem (vor die Thora) „Aufgerufenen“, kehrt er zu seinem Sitz zurück, ‚gut Glück‘ (mazel tov) zu wünschen. Das ist religiöse Vorschrift.

---

[106]) Bei Petranović a. a. O. Nr. 84, S. 84.
[107]) Om, die heilige Silbe von mystischer Kraft.
[108]) Wörtlich: Wohlsein.

Dem Deutschen ist die Begrüssungsformel ‚Glück-
auf!‘ und ‚Glück zu!‘ als allgemeine Bergmanns-
losung ganz geläufig, doch ist ‚Glück zu!‘ auch Gruss
und Segenswort der übrigen Bevölkerung. In Schlesien
sagt man: ‚Viel Glück!‘ [109]).

Bei den polnischen Bauern ist es Brauch, einem
bei der Feldarbeit Glück zu wünschen. Der Ankom-
mende spricht: ‚Scęść Boze na robotę!‘ Drauf der
Arbeiter: ‚Daj panie Boze, prosiemy!‘ [110]) Der Serbe
sagt in diesem Falle blos ‚Pomoz Bog!‘ (helfe Gott),
die Antwort lautet ‚Bog daj!‘ (Gäb’ es Gott).

Bei den westlichen Bulgaren und bei den Serben
in der Crnagora und in Dalmatien ist als Begrüssung
üblich: dobra sreća. Das heisst nicht ‚gutes Glück‘,
sondern ‚gute Begegnung‘, „guter Angang“. In einem
bulgarischen Volksliede:

> cerna Arapina progovori na Marko dobri junak:
> — Bogŭ te bilo Marko kraljeviče
> da i ty li si mi na srješta prišelŭ? [111])

‚redete der schwarze Kerl von einem Araber den wackeren
Helden Markus an: ‚Gott soll dich tödten, o Prinz Marko,
also auch du kommst mir zur Begegnung?‘ (d. h. wagst es,
dich mir als Gegner anzubieten?)

Es ist also nur von einer Begegnung die Rede.
So sind auch folgende Stellen aufzufassen:

---

[109]) Vrgl. Wander K. F., Deutsches Sprichwörterlexikon.
Leipzig 1867, S 1738.
[110]) Vrgl. O. Kolberg im Lud. II. 1865, S. 247.
[111]) Bei Kaćanovski a. a. O. S. 263, Nr. 124, V. 114 f.

— dobra srješta presveta Marie!

— dalŭ Bogŭ dobró, bratŭ svety Ilie! [112])

— ‚gute (günstige) Begegnung, allerheiligste Maria!

— gäbe Gott Gutes, Bruder heiliger Elias'!

In der Crnagora grüsst man mit ‚Guten Morgen!‘ (dobrò jutro) oder ‚Helfe Gott!‘ (Pomoz Bog!) und dankt wieder mit ‚die Begegnung sei dir günstig!‘ (dobra ti sreća!) [113]) Ich habe auf meiner Reise durch Dalmatien den Dankgruss dobra sreća wohl nicht gehört, wohl weil er nicht mehr allgemein üblich ist (bemerken will ich, dass nach Brauch dort der Vornehmere zuerst grüsst); das ältere Guslarenlied bezeugt es aber, dass man ehedem auch in Dalmatien diesen Gruss und zwar in der Ansprache gekannt, so heisst es z. B.:

planinkinja vila pogje Jakšićima dobru sreću nazivati:
— dobra vami sreća budi, dva Jakšića mila brata! [114])

(Die Alpenvila ging den Jakšićen entgegen, um ihnen gute Begegnung zuzurufen: ‚gute Begegnung werd' euch zu Theil, Ihr zwei Jakšić, theure Brüder!')

   — na vodi moga dragog najden,
dobru san mu sreću nazivala:
— dobra sreća i milo i drago! [115])

---

[112]) Ebd. S. 177, Nr. 45. V. 5 f.; S. 176. Nr 86, V. 12 f.; S. 258. Nr. 123, V. 39; S. 291, Nr. 134. V. 20 f.; S. 393, Nr. 168, V. 21 ff. u. öfter.

[113]) Vrgl. in Crnogorka. Cetinje 1885, II. Nr. 19, S. 152 b. und bei W. Karadžić im serb. Wörterb. S. 125.

[114]) Bei Bogišić V. in Narodne pjesme iz starijih najviše primorskih zapisa. Belgrad 1878, I. S. 114, V. 27 f. Vrgl. auch bei Vrčević in srps. nar. p. iz Herc. S. 100: snaho moja dobrom srećom bila!

[115]) Bei Kahaman in Marjanska vila ili sbirka narodnih pjesama sakupljenih u Spljetu, 1885, S. 47.

An der Quelle traf ich meinen Liebsten [116])
hab ihm „gut' Begegnung" zugerufen:
— Gut' Begegnung, Theuerster und Liebster!

In Bosnien begnügt man sich mit einem ein-
fachen: ‚(reise) glücklich, mit Gott!'

> meni veli: ostaj zbogom seko!
> ja mu velju: sretno zbogom brate![117])

(Er spricht zu mir: ‚bleib mit Gott, Schwesterchen!' Ich
antworte ihm: Glücklich mit Gott, Bruder!)

Die übertragene Bedeutung von Glücken und
Glück in sreća hat aber schon derartige Kraft in der
Sprache erlangt, dass das blosse Zeitwort ohne stamm-
verwandtes Hauptwort, also ganz unabhängig, in dem
bezeichneten Sinne gebraucht werden darf; so beschwört z. B. der früher erwähnte Bogjulagić Ibro
den alten Herrn: tako te srělo u dženetu! (so sollst
du „Es" (das Glück nämlich) im Paradiese haben!)

Sreća in der Allegorie.

Nicht wenig erschwert wird die Erkundung des
mythischen Gehaltes der Sreća dadurch, dass die
Dichter in gebundener und in freier Rede das Glück
gerne allegorisch gebrauchen. Man muss sich stets
bei der Benützung von Volksüberlieferungen zu mytho-
logischen Untersuchungen vor Augen halten, dass
auch in der Volksdichtung der freien Augenblicks-
eingebung des Dichters ein nicht geringerer Spiel-

---

[116]) Im Slavischen genügt ein Positiv, das deutsche Volkslied gebraucht aber entsprechend den Superlativ. Dem trägt
meine Verdeutschung Rechnung.

[117]) Bei Petranović a. a. O. S. 112, Nr. 112.

raum als in der Kunstpoesie gegeben ist. Der Unterschied liegt nur darin, dass der Volksdichter einerseits conservativer, andererseits sparsamer als der
Kunstdichter in der Anwendung neuer Metaphern
und Tropen zu sein pflegt. Mitunter vermag man
erst auf Grund einer Unzahl von Belegen die poe-
tische Fiction, die bewusste Allegorie, von der verwandten, als mythisch empfundenen Gestalt zu
scheiden. Die Feststellung wird zuweilen um so
schwieriger, als gar viele ursprünglich freie Allegorien
in verschiedenen Culten zu Gottheiten erhoben wurden. Gar viele mythisch hochtönende Geschichten
lösen sich unter der Lupe des Ethnographen in eitle
dichterische Allegorien auf. So will es mir schier bedünken, dass Stellen wie die folgenden vorwiegend von
diesem Gesichtspunkte aus geschätzt werden sollen.

> kad se djeli sreća od nesreće
> tavna noćca od bijela dana,
> Udbinska se otvoriše vrata
> te izide jedna četa mala. [118])

> Als das Glück sich los vom Unglück trennte,
> Dunkelheit der Nacht vom weissen Tage,
> giengen auf die Thore von Udbina
> und es zog hinaus ein kleines Fähnlein.

Die dunkle Nacht nennt der Dichter das personi-
ficirte Unglück, den helllichten Tag das Glück. Bei
Nacht und Nebel geschieht dem Menschen das meiste
Unglück, wie es ja auch im deutschen Sprichworte
heisst: ‚die Nacht ist Niemandes Freund‘. Bemerken

---

[118]) Bei KARADŽIĆ in Srpsk. nar. p. III. 268.

will ich noch, dass mir für die angeführte Stelle
im gesammten serbischen Guslarenliederschatz keine
Variante untergekommen; ich erblicke darin einen
Beweis mehr, dass der Vergleich eines mythischen
Hintergrundes ermangelt.

In einem Volksliedchen aus Altserbien wird von
der Braut gesagt:

> uleze sunce u kuću
> ogreja kuću svekrovu,
> sa sobom sreću doncla
> kroz kuću sreću delila. [119]

(Die Sonne hielt Einzug in's Haus, sie durchwärmte das
Haus des Schwiegervaters; sie brachte das Glück mit sich,
sie vertheilte das Glück im Hause herum.)

So singen die Mädchen im Reigen, indess die
Braut den Einzug in's Heim ihres Bräutigams hält.
Sonne ist hier ein Kosewort, natürlich. Brauch ist's
bei den Südslaven, dass die Braut beim Eintritt in
ihr neues Heim ihre neuen Hausgenossen beschenkt.
‚Meine Gabe soll dir von Glück sein!‘ so spricht sie.
Also theilt sie Glück aus [120].

Nicht minder als blosse Allegorie ist ein anderes
Liedchen aufzufassen, wo von einer beflügelten sreća
gesprochen wird; die ihres Bräutigams harrende Braut
richtet an die Sonne die Frage: ‚Tummeln sich die
Rosse im Nordwind? Glänzen wohl die Brustplättchen
auf dem Brautführer?‘ Drauf die Sonne:

---

[119] Bei Jastrebov a. a. O. S. 392.

[120] Vrgl. Krauss in Sitte und Brauch der Südslaven.
S. 391 f., 435, 437.

> sinoć ti se sreća zadobila
> a jutroske krila razavila
> sa krilima tice sokolovi,
> sjaje im se krila nakićena [121]),

(Gestern Abends hat sich deine sreća zur Zeit eingestellt und heute Morgens früh ihre Fittiche ausgebreitet, mit Fittichen (auch) die Falkenvögel; es erglänzen ihre (bunt) geschmückten Flügel.)

Unter sreća (Glück) ist hier der Bräutigam zu verstehen; Fittiche nennt das Volk die glänzenden Erzplättchen (toke na ječermi), die der Held nach alter Rittertracht im vollen Feststaat auf beiden Brustlatzen seiner Weste zum Schmucke trägt. Die beiden Westenlatzen sind eigentlich die Flügel. Ganz so drücken wir uns aus, wenn wir von den zwei Flügeln einer Thüre sprechen. Im gleichen Staat prangen die Brautführer, die grauen Falken. ‚Grauer Falke‘ ist ein alltägliches Epitheton für einen schmucken Jüngling. Die Stelle hat eben nur durch das zufällige Zusammentreffen mehrerer verwandter Bilder an einem allogenen Objecte einen scheinbar mythischen Anschlag gewonnen.

D i e Auffassung ist so allgemein menschlich, dass man die Einem liebste Person sein Glück und wieder die Einem verhassteste sein Unglück nennt. Im Deutschen ist ja diese Ausdrucksweise auch gang und gäbe. So spricht in diesem Sinne z. B. von

---

[121]) Bei Petranović Bogoljub: Srpske narodne pjesme iz Bosne, Ženske. Skupio ih etc. I. Sarajevo 1867, Nr 75, S. 77. — Z a d ó b i t i s e findet sich in keinem Wörterbuche. Es gehört speciell der bosn.-herceg. Mundart an und bedeutet auch: ‚sich zur rechten Zeit einfinden‘, doch; ‚Gje si se ono sinoć zadobio‘? Wo warst du gestern Abends zu Nacht?) Das ist gut slavisch.

„Gräbern des Glücks" EMIL RITTERSHAUS, einer der vornehmeren Romantiker Deutschlands:

Wo du ein grosses Glück begraben hast,
bleib ferne! Lass dich nicht die Schritte tragen
zu jener Stelle, wo nach Sonnentagen
die Seele ward vom tiefsten Leid erfasst.
Du sollst den Sarg des todten Glücks nicht sprengen;
und kommst du zu der Gruft, d'rin es bestattet,
leg' frommen Sinn's den Kranz nur auf den Hügel![132])

Vorzugsweise wird eine gute Heirat bildlich als „Glück" benamt. Wir sagen wohl von einem armen Mädchen, die ein reicher Mann geehelicht: „Die hat ihr Glück gemacht." Der Serbe gebraucht den übertragenen Ausdruck gewöhnlich mit Bezug auf den Bräutigam. Dies ergibt sich bei den Südslaven aus der höheren Werthschätzung des Mannes gegenüber dem Weibe. Galanter ist der Pole; so heisst es z. B. in einer polnischen Volkssage: Pan Jezus dał Jadamu Jewę ućciwą do żiwotniéjsego sceścia [133]) (Jesus, der Herr, gab dem Adam die ehrwürdige Eva als Lebensglück.) Der Südslave meint aber, das Glück wäre vorzugsweise auf Seite des Mädchens, die einen Mann findet, der sie ehelicht.

Ein Mädchen wurde von ihrem Verlobten in Stich gelassen:

nije prošla ni nedilja dana
da j' divojku bolja srića našla
sve na bolje i na bogatije [134]).

---

[132]) Im: Deutsches Dichterheim. 1886, VII. Nr. 1, S. 1.

[133]) Bei O. KOLBERG im Lud, VII. 1876. S. 33.

[134]) Bei MAŽURANIĆ Stj. in Hrvatske narodne pjesme, Senj. 1880, S. 137. vergl. bei VRČEVIĆ, S. n. p. iz Herceg. S. 59: bolje sreće i bolje pameti.

([Doch] es verging nicht einmal ganz eine Woche, als sich dem Mädchen ein besseres Glück einstellte, ein noch weitaus besseres und reicheres.)

Im Gegensatz zum G l ü c k, d. h. der guten Partie, welche das Mädchen in ihrer Unüberlegtheit aus- geschlagen, schilt späterhin das Mädchen aus Reue über ihre Dummheit sich selber U n g l ü c k:

> sinoć mi se lepa sreća javi
> lepa sreća al sam ja nesreća
> mene lude gde ja odbih ljude [125]).

(„Gestern Abends meldete sich mir ein schönes Glück an, wohl ein schönes Glück, doch ich bin ein Unglück(smensch) [126]); ich dalkete Nocken, dass ich die Leute (die Werber) abwies!")

Die Braut schwört bei ihrem Bräutigam, bei ihrem Glück:

> tako mi mladi Kosto sreća vesela [127]).
> o Jovo sreća vesela! [128]).

---

[125]) Bei Bošković Stevan, in Bačvanske pesme, Novi Sad 1879, S. 21, Nr. 47. Bei den Serben und Horvaten ist n e- s r e ć a ein gewöhnliches Schimpfwort: „idi ti nesrećo!" (troll dich, du Unglück!).

[126]) Der Serbe sagt entsprechend unseren Ausdrücken: „Unglücksmensch", „Unglückskind", Unglücksvogel", „Pech- vogel", „b o ž j i nesretnik, božja nesretnice; so z. B. fährt ein Mann im Zorne seine Frau an: odmakni se božja nesretnice! (Pack dich weg du Gottes Unglücksweib!) (Bei Krauss: in Tri riječi Hercegovca, Mostar 1885, S. 37, V, 6.) Wie im Deutschen „Mensch Gottes!" ein Ausruf der Verwunderung oder gelinder Zurechtweisung, ist im Serbischen: č o v j e č e b o ž j i!

[127]) Bei Karadžić in Život i običaji, S. 110.

[128]) Bei Vrčević in Tri glavne narodne svečanosti, S. 159. Vrgl. Rajković Gjorgje in Srpske nar. pesme (ženske) većinom ih u Slavoniji pokupio. — Novi Sad 1869, Nr. 91, S. 65.

„Im Glück" fällt dem Mädchen der Bursche zu. So sagt z. B. Tomić, der Wegelagerer, zur jungen Burgfrau von Tešanj, die ihn überlistet:

> blago tvome Tešnjanin Aliji
> kome no si u sreći dopala [179]).

(„Wohl deinem Ali von Tešanj, dem du im Glück zu Theil geworden!")

Sehr selten kommt es vor, dass der Bräutigam die Braut seine sreća nennt. Das ist schon einer der höchsten Ausdrücke der Liebe:

> O ti Mare srećo moja! [180])
> „O du Mariechen, du mein Glück!"

Nach diesen Bemerkungen wird man auch folgendes, ganz aussergewöhnlich hochtrabend mythisch klingende Liedchen verstehen, in welchem einem Helden erzählt wird, wo sein Glück geboren wurde. Der genaueren Controle halber will ich den Text wörtlich anführen:

> Viša je gora od gore,
> najviša Lovčen planina;
> u njoj su snizi i mrazi
> u svaku doba godine;
> vilinski u njoj stanovi.
>
> Junak mi konja igraše,
> predragu sreću iskaše.

---

[179]) Im Uzdarje S. 53, V. 349 f. Vrgl. Vrčević in Srps. n. p. iz H. S. 119, 148, 152, 162, 210, 231, 260; Petranović, a. a. O. S. 125, Nr. 124.

[180]) Bei Rajković a. a. O. S. 66, zweimal.

Vile mi njega vidiše,
junaka staše dozivat:
— Ovamo svraćaj junače;
tvoja se srića rodila,
sunčenom zrakom povila,
misecom sjajnim gojila [181]).

(Höher ist ein Gebirg vom anderen, das höchste (ist aber) die **Lovčenalpe**. Auf ihr gibt es Schneefälle und Fröste zu jeder Jahreszeit, auf ihr (gibt es) Vilenbehausungen. Ein Held tummelte sein Rösslein, suchte sein überaus theures Glück. Ihn gewahrten Vilen und begannen ihn zu sich zu rufen: „Lenk hieher ein, o Held! Dein Glück ist geboren worden, mit Sonnenstrahl gewickelt, mit dem glänzenden Monde genährt.")

Es scheint, der Bursche hatte mit seinem Liebchen (dem allertheuersten Glück), ein Stelldichein vereinbart. Er ist aber gar so viel schön und begehrenswerth, dass ihn selbst eine Vila gerne zu eigen haben möchte. Die Vilen lassen ihm die Wahl frei. Sein „Glück" sei nicht ein gewöhnliches Mädchen, sondern eines, welches nach der Geburt von Sonne und Mond grossgezogen worden. Sreća bedeutet also in diesem Falle keineswegs „Frô Saelde", sondern ist, nach meinem Dafürhalten, blos metaphorisch für „Braut" gesagt. Es scheint mir, das Lied berge nichts weiter Mythisches als den einen Zug von den Vilen, dass sie (im) Hochgebirge hausen als Pflegekinder von Sonne und Mond. Das ist klar, dass die Vilen auch Elementargeister sind. Im Uebrigen, glaube ich, spitzt

---

[181]) Im: Narodni koledar novi i stari za prostu godinu 1870. Izdala Matica Dalmatinska. Zadar 1869, S. 91.

sich das Ganze auf ein Compliment für den Bräutigam zu; das Lied ist nämlich ein Hochzeitslied [181]).

Diese Ausführungen schienen mir unerlässlich, um dem Leser klar zu machen, wie ich die metaphorische und allegorische Auffassung vom Glück von der einer mythischen Sreća auseinander gehalten wissen will. Unleugbar berühren und kreuzen sich die zwei dem Wesen noch verwandte und sprachlich so gleiche Auffassungen sehr oft, so dass eine genaue Bestimmung des rein Mythischen nicht immer leicht, zuweilen gar nicht möglich ist. In solchen Fällen eröffnet sich der subjectiven Deutungskunst ein breites Feld. Freilich steht selten der Gewinn aus vagen Vermuthungen in einem rechten Verhältniss zur geistigen Arbeit, die selbst hinter derartigen bei Dilettanten vielfach beliebten Deutungsspielereien stecken mag.

* * *

---

[182]) Vergl. ein verwandtes Seitenstück in Sitte und Brauch der Südslaven, S. 434. Die Braut ist schmucker als die Vila. Natürlich, denn das Mädchen ist besser gepflegt worden. Die Vila sagt von sich:

> Mich hat die Alp' zur Welt gebracht,
> die mich gehüllt in grünes Laub.
> Fiel in der Früh ein Morgenthau,
> hat mich, die Vila, er genährt.
> Wehte ein Windhauch von der Alp',
> hat mich, die Vila, er gelullt.
> Andere Ammen kannt' ich nicht.

Sowie im Liedchen oben im Texte der Bräutigam, wird in letzterem die Braut ob ihrer Schönheit vom Reigen becomplimentirt. Einen tieferen Sinn wage ich in diese Stücke nicht hineinzulegen.

Sreća und Nesreća.

Die Tychē pandēmos oder Eutychia ist die eigentliche Glücksgöttin als Schutzgeist Aller wie des Einzelnen. Bei den Serben finde ich nur schwache Ansätze zu einer Sreća der Allgemeinheit. Ihre Gestalt setzt voraus ein von innen heraus hochentwickeltes Gefühl der nationalen Zusammengehörigkeit. Bei den Südslaven überhaupt und beim serbischen Stamme insbesondere ist aber das Nationalgefühl ethnographisch aufgefasst von sehr jungem Anfang, und zudem weniger aus sich selber herausgewachsen als künstlich geschaffen worden. Natürlich kann bei ihnen auch keine Rede sein von einer Sreća in der Bedeutung einer Tychē pandēmos. Bei den Griechen und Römern bestand ein Cultus der Göttin. Die bildende Kunst schuf die greifbarsten Gestalten, wie denn die Völker überhaupt ihre Götter in letzter Linie der Kunst verdanken. Der serbische Volksglaube ist für den Ethnographen interessanter und lehrreicher, weil ihm hier ein Einblick in gewisse Uebergänge mythischer Gestaltungen gewährt wird.

Wesentlich identisch, nur formell verschieden von der Sreća ist die Nesreća (Unglück, Unsaelde, Atychia). In ihr hat sich die südslavische bzw. serbische Vorstellung von der Glücksgöttin am deutlichsten verkörpert, denn sie handelt nicht blos wie der Mensch, sie denkt und spricht nach Menschenart, sie ist nicht an ein Individuum wie der Schutzgeist gefesselt, sie gehört der Allgemeinheit an. Ein Liedchen aus der Hercegovina sagt:

Tužila se u gori nesreća,
gorko cvili a suze proliva:
— mahniti mi ljudi dodijaše
poludiše, na me navališe
„Ej nesrećo nigdi te ne bilo!"
a ja nikom ni kriva ni dužna!" [188])

(„Im Gebirge beklagte sich die Nesreća; sie jammert bitterlich und vergiesst Thränen: „Zuwider ist mir die wahnwitzige
Menschheit geworden. Die Leute treiben es unsinnig, mich
aber fallen sie an: „O Nesreća, du sollst spurlos verschwin-
den!", während ich doch Niemandem etwas in den Weg lege
und Niemandem (etwas) schuldig bin!"")

Nesreća wird zusammen mit Sreća im stereotypen
Segensspruch der Guslarenlieder genannt: die Mutter
segnet ihren ins Feld ausziehenden Sohn:

Nesreća ti pod nogama bila
ko dorinu pod kopiti kôvi
a sreća ti na put izlazila
ko danica suncu prethodnica [184]).

(„Die N. soll dir unter den Füssen sein, wie dem Braunen
unter den Hufen die Schmiedeisen, die Sreća aber soll dir
auf dem Wege vorangehen, wie der Sonne als Vorbote der
Morgenstern [vorauseilt].")

Der Guslar HALIL MARIĆ erzählte mir: „Die Nesreća ist ein garstiges Weibsstück, hat wirres Haar,
kleine Rinnaugen, ist von untersetztem Körperbau,
hat ein breites Becken und wulstige Hinterbacken.

---

[188]) Diese Fassung danke ich dem Guslaren HALIL MARIĆ
aus Vrapčići in der Hercegovina. Eine Variante davon, doch
kürzer, vrgl. in „Sitte und Brauch der Südslaven", S. 202.

[184]) Bei KRAUSS im Smailagić Meho V. 234 ff. Sonst wird
genau unterschieden zwischen danica und prethodnica
als verschiedenen Sternen.

Als hätte sie einen Katzenjammer, so nickt sie Tags
über schlaftrunken herum und schleppt sich fortwährend von Dorf zu Dorf. Wem sie begegnet, dem
schlägt die Begegnung zu schlimmer Stunde unglücklich aus." [185])

Diese Beschreibung stimmt zum Theil überein
mit dem Bilde von der Nesreća in der Sage, die ich
weiter unten mittheile. Es sind hier lauter Merk-
male hervorgehoben, die der Schönheitssinn des
Volkes verpönt. Ein schönes Mädchen muss stattlich
und schlank wie eine Tanne gebaut und sauber gewaschen sein, das Haar glatt gescheitelt und in
Flechten tragen, grosse klare Augen haben und alleweil munter und aufgeweckt sein. So müsste auch
der südslavische bildende Künstler die Sreća seines
Volkes darstellen.

Sreća als Tutela.

Die Sreća als Schutzgeist des Menschen mag bei
jeder Gelegenheit dessen Wohl und Wehe befördern
oder hemmen, und so wird sie zum Schutzengel [186])
oder zur Tutela, die dem Menschen als angeboren
gilt. Darnach hat der Mensch für sein ganzes Leben eine
Sreća. Die Mutter singt ihrem Kinde in der Wiege also:

---

[185]) Bei Krauss a. a. O. im Commentar S. 89 wörtlich
die Erzählung des Guslaren.

[186]) Die Sage vom Schutzengel in meinen „Sagen und
Märchen der Südslaven". II, S. 148 f. scheint mir lediglich eine überarbeitete christliche Legende aus dem Mittelalter zu sein. Die sudnice (Schicksalsfräulein) kommen
daselbst auf Rechnung des slavischen Erzählers.

> uroke ti voda odnijela
> mimo tvoju bešu pronijela
> dobar sanak sreća donijela
> i u tvoju bešu unijela [137]).

(„Die Beschreiungen soll das Wasser fortschwemmen, an deinem Wieglein vorbeischwemmen, einen sanften Schlummer soll die Sreća herbeibringen und in dein Wiegchen hineintragen.")

Der Bruder wünscht, die Schwester möge nie von ihrem Schutzgeist verlassen werden:

> sritnjo došla i sritnjo mi pošla
> i uvika sreća s tobon bila [138]).

(„Sei glücklich angelangt und glücklich sollst du abziehen und immerdar sei die Sreća mit dir.")

Den gleichen Wunsch singt auch der Reigen der abziehenden Braut zu:

> pratila te sreća do vijeka! [139])

(„bis an dein Lebensende begleite dich die Sreća.")

und dann wieder:

> tugjin momku sreću veselila,
> sva nam sreća dugovjeka bila [140]).

(„Du sollst die Sreća des fremden Jünglings erfreuen, unser Aller Sreća soll langlebig sein!")

Eine arge Verwünschung ist es aber, wenn man Jemandem flucht, sein Schutzengel soll ihn verlassen. Die Schwiegermutter flucht ihrer Schnur:

---

[137]) Bei PETRANOVIĆ a. a. O. S. 49, Nr. 43.
[138]) Bei KARAMAN a. a. O. S. 252.
[139]) Bei PETRANOVIĆ a. a. O. S. 80, Nr. 81.
[140]) Ebdas. S. 74, Nr. 71.

> hodi zbogom Jele nevo moja,
> kud hodila sriće ne imala![141])

(„Zieh' mit Gott, o meine Schnur Helene! Wohin dich deine Schritte tragen mögen, du sollst keine Sreća haben!")

> poče mi vitez Mitar tuj djevojku proklinjati:
> — davori mi djevojko, bud prokleta sreća tvoja[142]).

(„Ritter Demeter hub an der Maid zu fluchen: „Heda o Mädchen, deine Sreća sei verflucht!")

Die Sreća (tutela) weilt wohl nicht stets an der Seite des Menschen; ist sie ferne von ihm, so suchen ihn die harten Drangsale des Lebens heim. Wen seine Sreća für immer verlässt, der ist von Gott und der Welt verlassen. Ein Waisenmädchen beklagt im Lied ihr Leid, doch weiss sie sich Tröstung im Gedanken:

> ako san sirota prez majke ostala
> ni mi sreća moja u more upala[143]).

(„Bin ich eine Waise mutterlos geblieben, so ist doch meine Sreća nicht in's Meer gefallen!")

Im kleinrussischen Volksliede meint das Mädchen, besser wär's gewesen, die Nedolja hätte sie ertränkt als vom Liebsten getrennt[144]). In einem anderen Liedchen heisst es wiederum: potopae moja dolja kraj sinëga morja![145])

---

[141]) Bei Mažuranić Stjepan in Hrvatske narodne pjesme. Senj 1880, S. 120, V. 4 f.

[142]) Bei Bogišić Valt. in Narodne pj. — iz prim. zap. I, 1878, S. 115. V. 50 f.

[143]) Bei Karaman in Marjanska vila, S. 79. Dieses Liedchen dürfte wie so viele andere dieser sehr dankenswerthen Sammlung ursprünglich kein Volkslied gewesen sein.

[144]) Bei Holovacki a. a. O. I. S. 237. Nr. 1, V. 1 f.

[145]) Bei Metlicki in den Kleinr. Liedern 416, Cit. bei Potebnja, S. 163.

Bei den Südslaven hat die Sreća als Tutela keinen besonderen Namen, während die Fortuna in dieser Eigenschaft bei den Römern, wie dies aus einer Inschrift ersichtlich ist, den Beinamen Tutela führt und mit ihr öfters verbunden erscheint. Tutela ihrerseits wurde unter dem Bilde einer sitzenden Fortuna dargestellt [146]. In den serbischen Sagen übernimmt die Sreća Tutela auch die Function der Felicitas, der Göttin der Fruchtbarkeit und des glücklichen Erfolges. Für Felicitas hat der Serbe kein anderes Wort als für Glück, Sreća nämlich. Der Name Felix wird mit Srećko übersetzt. Die Sreća als Tutela und Felicitas bildet sich der serbische Bauer ein als eine holdselige Jungfrau, die ihm goldene Fäden spinnt.

Wenn die Sreća ihres Amtes nicht zum Nutz und Frommen des Menschen waltet, dem sie zugetheilt ist, so wird sie zur Nesreća. Der Mensch vermag sich ihrer auch zu entledigen. In einer bosnischen Sage meiner noch ungedruckten Sammlung schlägt ein junger Mann seine lässige Sreća ohne weiteres todt. In einer russischen Sage prügelt der Unglückliche sein Glück (sčastĭe). Sie entschuldigt sich wegen ihrer Nachlässigkeit, denn sie verstünde sich auf keine Feldarbeit, sondern nur auf kaufmännische Geschäfte. Gerne möchte sie ihrem Schützling aufhelfen, thät er sich doch auf den Handel werfen [147]. In einer

---

[146] Vrgl. Peter bei Roscher a. a. O. S. 1522 und Steuding ebdas., S. 1473.

[147] Bei Afanasiev in Rus. skazki, V, Nr. 51, cit. bei Potebnja, S. 161.

anderen Sage wird erzählt: der Mann packt seine
liebe Noth, thut sie in den Kopf einer Stute hinein
und wirft sie auf den Grund des Meeres [148]).

Ich will hier zwei besonders bemerkenswerthe serbische Sagen mittheilen. Es war einmal ein Mann, der
war sehr, sehr reich und hatte einen Bruderssohn.
Dieser trieb sich aber in der Welt herum. Als er einmal
zum Vetter oder Vatersbruder auf Besuch kam, war
der Vetter darob sehr erfreut. Sprach der Vetter:
„Liebes Kind, geh' du jetzt nirgends mehr hin,
sondern bleib' schön bei mir. Der Vetter wird dich
beweiben." Alsdann blieb er beim Vetter. Eines Tags
streute der Vetter den Rindern Salz aus und ging
heim. Zufällig kam der Bruderssohn des Weges, da
erblickte er auf der Au ein Mädchen; die stand da
und trieb mit einem Tüchel die Rinder zur Salzlecke
hin. Er ging zu ihr näher hin und fragte sie: „Was
bist du zu meinem Vetter?" Antwortete sie: „Ich
bin deines Vetters Sreća." „Wenn du meines Vetters
Sreća bist, wo ist denn meine Sreća?" Antwortete
sie: „Na, dort hinter dem Dornbusch ist deine Sreća ein-
geschlafen." Er schaut hin und richtig schläft dort
seine Sreća. Da ergreift er ein Holzstück und schlägt
seine Sreća todt, dann kehrte er zu seines Vetters
Sreća zurück und sagte: „Ich habe meine Sreća erschlagen, was soll ich nun anfangen?" Des Vetters
Sreća antwortete ihm: „Geh' dorthin, wo einige
Menschen Gottes (gute Menschen, ljudi boži) eine

---

[148]) Bei AFANASIEV in Rus. skazki, V, Nr. 51, cit. bei
Potebnja, S. 160.

Wassermühle bauen, die werden dir sagen, was du thun sollst" [149]) u. s. w.

Die zweite Sage ist aus Serbien [150]). Sie ist ausführlicher und gibt die gleiche Geschichte anschaulicher.

„Es waren einmal zwei Brüder, die lebten zusammen in einer Hausgemeinschaft und ihr Wohlstand mehrte sich von Tag zu Tag. Der eine Bruder that gar nichts, sondern schlenderte fortwährend müssig herum; der andere aber rastete nimmer, und mehrte den Reichthum. Darum schmerzte es ihn, dass sein Bruder faulenzte. Und er sagte zum Bruder: „Lass' uns die Gemeinschaft auflösen. Zieh' du aus und wirthschafte für dich allein." Dess war der Bruder einverstanden. Seit der Zeit aber, als der Fleissige allein im Hause blieb, ging es mit der Wirthschaft in Allem abwärts. Wenn er sich noch so abmühte, nichts wollte ihm glücken. Endlich ging er ganz zu Grunde. Da sagte er: „Will doch meinen Bruder aufsuchen, damit ich sehe, wie's bei ihm steht." Also zog er des Weges und gewahrte auf einer Aue eine Heerde Schafe. Kam näher, doch bei den Schafen war kein Hirte, sondern es sass da ein wunderbar schönes Mädchen und spann goldene Fäden. Er be-

---

[149]) Mir erzählte diese Sage Blagoje Petrić zu Banja an der Tavna im Drinagebiet in Bosnien. Er habe sie, sagte er, als Knabe von dem längst schon verstorbenen Simo Janković aus Jadar gehört.

[150]) Bei Karadžić in Srpske narodne pripovetke. Wien 1870, S. 72 ff. Eine Variante davon verdanke ich meinem Freunde Herrn Thomas Dragićević in Bosnien.

grüsste sie: „Steh' dir Gott bei!" und fragte sie, wess'
die Schafe wären; und sie erwiderte: „Wessen ich
bin, dessen sind auch die Schafe". Fragte er: „Nun,
und wessen bist du?" Antwortete sie: „Ich bin
deines Bruders Sreća". Da wurde er giftig und
sagte zu ihr: „Ja, wo weilt denn meine Sreća?" —
„Deine Sreća weilt gar ferne von dir." — „Könnte ich
sie nicht auffinden?" — „Freilich, such sie nur auf."

Wie er dies hörte und sah, dass die Schafe
seines Bruders so überaus herrlich gedeihen, wie bei
Niemandem sonst, da mochte er weiter den übrigen
Viehstand gar nicht mehr besehen, sondern ging
geradenwegs hin zum Bruder. Als ihn der Bruder
erblickte, fühlte er heftig Mitleid und sagte unter
Thränen: „Wo bleibst du so lange?" Und weil er
ihn nackt und barfuss sah, schenkte er ihm ein Paar
Opanken und etwas Geld. Nachdem sie sich hierauf
einige Tage gütlich gethan, trat jener wieder den
Heimweg an. Kaum war er daheim, nahm er seinen
Schnappsack, legte ein Stück Brod hinein, ergriff
den Stock und machte sich auf in die Welt, um
seine Sreća aufzusuchen.

Also wanderte er denn fürbass und gelangte in
einen grossen Wald hinein, und wie er so weiter
durch den Wald schritt, erblickte er unter einem
Strauche eine altersgraue abgelebte schmierige Jungfer,
die lag dort und schnarchte. Da holte er mit dem
Stock aus und strich ihr eins auf den Hintern heiss
auf. Die richtete sich kaum auf, öffnete ihre triefenden
Rinnäuglein nur ein Bischen und sagte: „Dank' Gott,
dass ich ein wenig eingeschlummert war, denn wär'

ich wach gewesen, du hättst nicht einmal diese Opanken bekommen." — „Ja, wer bist denn du, dass ich nicht einmal diese Opanken bekommen hätte?" — „Na, deine Sreća bin ich." [151])

Aus dem Umstande, dass als Aufenthaltsort des Unglücks der Wald oder ein Baum im Walde angegeben wird, ist vielleicht die Vermuthung zu schöpfen gestattet, dass die Sreća als ein Genius mit den Genien der Bäume oder des Waldes in einer verwandtschaftlichen Beziehung gedacht wird. Charakteristisch ist jedenfalls, dass gerade die Kehrseite der Sreća, also die Nesreća in den Wald verwiesen erscheint. Der Wald gilt überhaupt als Tummelplatz von Wesenheiten, die dem Menschen nicht unbedingt

---

[151]) Eine horvatische Sage enthält einen verwandten Zug von einem Manne, der ausgegangen, sein Glück suchen. „Er kam auf den Gottesacker, schlug mit seinem Stocke das Dorngesträuch und das Gras nieder und fand zwischen den Gräbern ein Geschöpf, welches er bisher nie gekannt. Er schlug daneben und sagte zu diesem Geschöpfe: „Bist du meine Srića oder meine Nesrića?" Antwortete ihm dieses merkwürdige Geschöpf aus der Grube: „Hättest du mir einen Schlag versetzt, so wäre ich deine Nesrića, weil du mich aber nicht gehaut hast, werde ich deine Srića sein." Darauf räth sie ihm, einen räthselhaften Alten aufsuchen, der mitten im Hause einen grossen Topf Ducaten hat. Davon mag er mitnehmen so viel es ihm gefällt, nur dürfe er keine Silbe sprechen u. s. w. Bei R. Strohal in Hrvatskih narodnih pripoviedakâ knjiga I. Narodne pripoviedke iz sela Stativa. Fiume 1886, S. 148, Nr. 37. In einer anderen Sage aus Serbien (Zorica 1861, S. 28), die ich späterhin ganz mittheile, frägt ein Schiffszieher Gott: „Wo ist meine Sreća?" Gott antwortete ihm: eno je onde za panjom gdi leži (Dort hinter dem dicken Baumstamm ist sie, dort liegt sie).

und von vorneherein in Wohlwollen geneigt sind.
Die russische Sage stimmt mit der serbischen überein. Die Sreća (sčastïe) des Unglücklichen liegt
hinterm Gebüsch in einem groben Bauernhemde und
schläft Tag und Nacht [152]). Dass der Mensch seiner
Unsaelde gerade im Walde begegnet, ist auch der
deutschen Sage nicht fremd. „Ein armer Ritter sitzt
im Wald, spärliche Kost verzehrend, da erblickt er
über sich auf dem Baume ein ungeheueres Wesen,
das ihm zuruft: „Ich bin dîn Ungelücke!" [153]) Auch
die lithauische Volksüberlieferung verlegt die Be-
hausung der Laima, die sowohl Glücks- als Un-
glücksgöttin ist, in einen Wald. Zudem wird als ihr
weiterer Wohnsitz oder zeitweiliger Aufenthaltsort
ein See angegeben. „In der Johannisnacht muss man
um 12 Uhr in den Wald gehen, aus Thränen einen
Kreis machen und dann in denselben treten. Alsdann muss man dreimal rufen: „Laima, schick mir
dein Ross!" Der Geist fragt alsdann: „Was willst
du von mir?" „Du sollst mich tragen!" „Ich trage
dich an den Unglückssee, denn dorthin gehöre ich",
spricht darauf der Geist. „Nein, du gehörst zum
Glückssee, dorthin trage mich!" hat man zu er-
widern [154]) u. s. w.

Die Beinamen der Sreća.

Die Epitheta sind häufig die sichersten Hand-
haben für die Erklärung mythischer Wesen. Zum

---

[152]) Bei AFANASIEV a. a. O. B. V, Nr. 51.
[153]) Bei J. GRIMM, D. Mythologie. S. 832 f.
[154]) Bei VECKENSTEDT a. a. O. S. 161.

mindesten bieten Beinamen Anhaltspunkte über volksthümliche Erklärungsversuche. Alle Beinamen zusammengefasst, vervollständigen erst das Bild. Erlebt
es bei einem Volke der einheimische Volksglaube,
dass er von Staatswegen sanctionirt, ich meine, zur
Religion erhoben wird, so erstarren die früher flüssigen
Beinamen mit dem Namen zu ebensovielen Einzel-
gottheiten. Ein zwingendes Beispiel dafür zeigt die
römische Mythologie in Bezug auf Fortuna, deren
Cultus in verhältnissmässig später Zeit in allgemeinere
Aufnahme gekommen zu sein scheint. „Im Cultus
tritt Fortuna unter den mannigfaltigsten Beinamen
auf, je nachdem man sie als die bald günstig, bald
ungünstig gesinnte, bald dauerndes, bald vorüber-
gehendes.Glück spendend, als die trügerische Göttin
u. s. w. betrachtet und dies in verschiedenen Beinamen zum Ausdruck bringt oder ihr Verhältniss
als Schutzgöttin des ganzen Volkes, des männlichen
und weiblichen Bestandtheiles der Bevölkerung, einzelner Stände, Corporationen, einzelner Personen, ja
selbst Obrigkeiten und schliesslich auch des Kaiser-
hauses in besonderen Benennungen hervorhebt" [155])
Die allgemeine Bezeichnung für die günstige
Glücksgöttin ist Fortuna Bona. Eine günstige
Fortuna ist auch die Fortuna Obsequens, die
Fortuna, die den Bitten ihrer Verehrer willfährt.
Hieher gehört noch die Fortuna Felix und die F.
Respiciens. Plutarch gedenkt noch einer Týchē
Apotrópaios, welcher SERVIUS TULLIUS ein Heilig-

---

[155]) PETER bei ROSCHER a. a. O. S. 1511.

thum erbaut habe. Auf Inschriften kommt noch eine Fortuna Opifera und eine F. Memor vor [156]). Auch einzelne Classen haben ihre eigene Glücksgöttin. Das uns interessirende Beispiel einer solchen Glücksgöttin ist die F. Equestris [157]). Verwandt mit der F. Bona ist der Eventus Bonus [158]), der Agathòs Daîmon der Griechen. Den Gegensatz zur F. Bona bildet die Fortuna Mala oder Adversa. Im Gegensatz zur Fortuna Manens wurde eine Fortuna Brevis verehrt [159]). Die Fortuna heisst auch in einer Grabschrift Viscata, die trügerische, „die mit eitlen Hoffnungen ködernde und verlockende" [160]). Eine F. Dubia stand auf dem Aventin. In der griechischen Mythologie entspricht der F. bona ein „Agathodaîmōn und eine „Agathe Týchē, der F. Mala ein Kakodaîmōn und eine Kakè Týchē. Der Südslave, bezw. der Serbe und Horvate nennt und ruft an eine dobra Sreća, eine Bona Fortuna, die vorzüglich als Sreća junačka (Heldenglück), etwa wie bei den Griechen die Týchē Andreîa und bei den Römern die F. Equestris, gedacht wurde. Die Kleinrussen sprechen ähnlich von einer dobra dolja.

Sreća, dobra s., junačka s. Die Sreća springt dem Helden in äusserster Noth als Retterin bei, sie lenkt seine Hand, sie vor Allem bezwingt den Gegner:

---

[156]) Vrgl. Peter bei Roscher S. 1512 f.

[157]) Ebdas., S. 1521.

[158]) Ebdas., S. 1511.

[159]) Ebdas., S. 1514.

[160]) Preller in Römische Mythologie, 3. Aufl., 2, S 187.

> puca šarka živi oganj daje
> al Ivanu sreća priskočila
> pa mu ništa naudila nije [161]).

(„Es knallt die reichverzierte Flinte, sie entlädt lebendig
Feuer, doch die Sreća sprang Johannes bei, und so hat sie
(die Flinte) ihm nichts angehabt.")

> Mirkoviću dobra srjeća biše
> u zlo mjesto Kunu udario
> gdje no njemu melem ne pomaga [162]).

(„Die gute Sreća stand dem Mirković bei, er traf Kuna
auf eine schlimme Stelle, wo ihm kein Balsam mehr Hei-
lung schafft".)

> Al je Marku dobra srjeća bila
> osjeće mu desnu ruku Marko [163]).

(„Doch dem Markus stand die gute Sreća zur Seite, Markus
hieb ihm die rechte Hand ab.")

Tadija von Zengg war mit zwei Genossen in's
türkische Gebiet gezogen und hatte 30 Türken ohne
Schwertstreich gefesselt und nach Zengg heimge-
bracht. Die Mädchen von Zengg bewundern diese
Heldenthat. Bescheiden lehnt Tadija das Lob ab,
vielleicht, weil es ihm auch vor Beschreiung bangt:

> ne čudte se Senjanke gjevojke
> to se srela sreća i nesreća
> moja sreća njihova nesreća
> moja sreća nesreću svezala [164]).

(„Es braucht euch nicht Wunder zu nehmen, Ihr Jungfrauen
von Zengg! Die Geschichte war doch einfach: Sreća und Nesreća begegneten einander, meine Sreća, ihre Nesreća; meine
Sreća legte ihre Nesreća in Bande.")

---

[161]) Im Uzdarje S. 26, V. 192 ff.

[162]) Ebdas. S. 88, V. 103 f. Vrgl. bei Vrčević, Srp. n. p.,
S. 125.

[163]) Ebdas. S. 91. V. 41 = S. 108, V. 54; vrgl. S. 124. V. 115.

[164]) Bei Wolf Karadžić in Srps. nar. p. III. 292.

Körperliche Kraft und selbst erprobte Tüchtigkeit
in der Waffenführung genügen nimmer, wofern der
Held auf seinen Kriegspfaden keine Sreća hat. Seine
Sreća ist sein theuerstes Gut. Bei ihr beschwört
ein Held den anderen:

> tako ti sreće u junaštvu! [165])
> („bei deiner Sreća in Heldenthaten!")

Sie wird angerufen neben Gott:

> molte boga i sreću junačku
> da mi Luka otud zdravo dogje [166]).

(„Betet zu Gott und zum Heldenglücke, Lukas möge mir
von dort heil zurückkehren"),
denn von ihr hängt die Entscheidung ab, ebenso wie
von Gott:

> ako bog da i sreća junačka [167]).

(„Falls es Gott und das Heldenglück gewähren!")

Nach langer Unthätigkeit meinen die Kämpen:

> već bi bilo vrjeme kud se proći
> i junačku sreću okušati [168]).

(„Es wäre schon an der Zeit, irgendwo einzufallen und das
Heldenglück zu versuchen.")

Die schlimme Sreća. Das Widerspiel der
dobra und der junačka sreća ist die zla, huda,
loša, slaba, jadna und die crna sreća. Suchte
Einen das Missgeschick heim oder war er nicht im

---

[165]) Im Uzdarje S. 61, V. 688.

[166]) Bei L. Marjanović in Hrvatske nar. pjesme S. 97.
V. 169 f.

[167]) Ebdas. S. 99, V. 148; vrgl. bei St. Mažuranić a. n. O.
S. 88, V. 4 und sonst häufig.

[168]) Im Uzdarje S. 65, V. 219 f.

Stande, seine guten Absichten zu verwirklichen, so sagt man wohl von ihm: ne dade mu zla sreća [169]) (Die böse Sreća hat es ihm nicht gewähren mögen). Das ist der böse Schutzgeist, der Kakodaímōn der Griechen, zum Theil gleich der licha und girka dolja der Kleinrussen:

> tu im bješe miloj braći prispjela huda sreća [170]).

(„Da war ihnen, den theueren Brüdern, die böse Sreća angelangt.")

> ajme meni huda srećo moja
> gje za malo sestru ne obljubih! [171])

(„Weh mir, o meine böse Sreća, um ein Haar, ich hätte meiner Schwester beigewohnt.")

> loša sreća vili priskočila, a divojci dobra srića biše [172])

(„Die schlimme S. war der Vila beigesprungen, doch der Maid stand die gute S. bei.")

> tadara je turcima loša sreća priskočila [173]).
> kad su bili u gori zelenoj
> tute im je loša srjeća bila [174])
> ako bi meni slaba sreća bila [175])

(„sollte mir schwache Sreća beistehen")

---

[169]) Bei Karadžić im Wörterb. unter dem Schlagworte, S. 125.

[170]) Bei Bogišić a. a. O. S. 115, V. 39; vrgl. Vrčević a. a. O. S. 22: uda sreća naučila Janka.

[171]) Bei Mirković P. in Srpske narodne pjesme gerzovske i gjevojačke (aus Bosnien). Pančevo 1886, Nr. 12, S. 16.

[172]) Im Narodni koledar novi i stari izdala Matica Dalmatinska. Zara 1869, S. 91.

[173]) Bei Bogišić a. a. O S. 175, V. 195.

[174]) Im Uzdarje S. 4, V. 121; vrgl. bei Vrčević a. a. O. S. 115, S. 266: kada dogje u tazbinu sreće loše bi.

[175]) Bei L. Marjanović a. a. O. S. 99, V. 148 f.

al djcvojci j a d n a sreća bila [176])
(„doch der Maid ward elende S. zu Theil.")
mene c r n a sreća snagje [177])
(„mich suchte die schwarze S. heim.")

Die Zahl der Beispiele in gebundener und ungebundener Rede ist natürlich unübersehbar. Um so mehr muss es befremden, dass in der modernen serbischen und horvatischen Kunstliteratur Redensarten wie ‚das Glück ist ge r e i f t oder d. G. i. e r b l ü h t‘ (sreća procvala, sreća sazorila) Eingang gefunden. Es scheint eben, dass die serbischen Literaten mehr bei den Deutschen als bei ihrem eigenen Volke in die Schule gehen. J. Sundečić, einer der hervorragenderen südslavischen Dichter, wendet z. B. in seinem der Schiller'schen ‚Glocke‘ nachgebildeten Liede von der Ernte (vršidba) elfmal den Refrain an: procvala nam sreća svaka! (Möcht' uns jeglich Glück erblüh'n). In einem angeblichen Volksliede heisst es: i tvoja će sreća sazoriti [178]) (auch dein Glück wird reif werden). Auch die bei den Horvaten so beliebte Redewendung sreću **pokušatí** möchte ich wie die polnische s z c z ę ś c i a p r ó b o w a ć [179]) auf die deutsche ‚sein Glück probiren oder versuchen‘ zurückführen.

* * *

---

[176]) Bei Bogišić a. a. O. S. 338, V. 18.

[177]) Bei Mirković a. a. O. S. 30, Nr. 32, V. 28.

[178]) Bei Begović N. in Srpske narodne pesme iz Like i Banije I. 1885, S. 184, Nr. 150.

[179]) Bei O. Kolberg im L u d. B. V. Krakau 1871, S. 195, Nr. 14: Jest mniemanie że jak się powodzi w wiliję. tak się przcz rok następny będzie; dla tego w dniu tym żli ludzie lubią szcz. próbować.

Sreća von Bog.

Wie eine Zaubermär aus verschollener Zeit, gleich
der plötzlich auftauchenden Erinnerung eines lieb-
lichen Jugendtraumes, so wunderbar anheimelnd
ergriff mich die Entdeckung, dass Bog bei den
Südslaven noch gegenwärtig wie Bhaga bei den
Indern vor dritthalbtausend Jahren als Ehestifter
und Austheiler des Glücks angerufen wird. Freilich
erkenne ich bei den Südslaven nur ein Ueberlebsel
aus ältesten vorchristlichen Zeiten, ein ‚Survival‘,
wie man dies englisch [180]) sagt, dessen Bedeutung der
christliche Südslave gegenwärtig wohl nicht mehr
ahnt. Bog-Bhaga, der Austheiler, theilt aus die Gaben,
das Glück:

Bog boguje i dijeli pravdu,
meni dobru sreću udjelio [181])

(‚Bog waltet als Bog und theilt Gerechtigkeit aus, mir hat er
gutes Glück zugetheilt‘)

singt ein Mädchen, das ihren Herzgeliebten zum
Gatten erhalten.

Bog theilt der Braut den Bräutigam für's Leben
als Gefährten zu, die Sreća aber im Verein mit
den Eltern gibt ihr ihn hin. In einer Ansprache an
die Braut, vor ihrem Scheiden aus dem Elternheim,
singt der Reigen:

---

[180]) Nach TYLOR, Anfänge der Cultur. I. 72.
[181]) Bei RISTIĆ KOSTA H. in Srpske narodne pjesme po-
kupljene po Bosni, Belgrad 1873, S. 77, Nr. 8.

— zafali se sele Bogu
koji ti je udjelio
mlada Rabra gospodara.
Tebi ga je sreća dala
i glašeni roditelji [182]).

(.Danke, Schwesterchen, Bog, der dir den jungen Rabar als
Herrn zugetheilt hat. Die Sreća und die hochgeachteten Eltern
haben dir ihn gegeben)

Im letzten Augenblick spricht der Vater seinen
Segen über die Tochter aus, er sagt sein gutes
Gebet (dobra molitva, hair dova bei den
Bosniern und Hercegovcen): šćerce! da ti Bog da
svaku dobru sreću i svako dobro kako bih i sam
sebe rad! [183]) (Töchterchen! Bog soll dir bescheren
jegliche gute Sreća und alles Gute, so wie ich mir's
nur selber wünschen könnte!).

Bei den Indern beruft sich der reife heiratslustige
Jüngling auf Bhaga:

Ich nenn' mit Wonn' den Kommenden, den Gast, den sich
Einstellenden,
den Indra, der den Vṛitra schlägt, den allgewalt'gen Vāsava.
„Wo einst die Açvín heimgeführt Sūryā, die Tochter Savitar's,
desselben Weg's hol dir ein Weib!" so hat Bhaga zu mir
gesagt.
Dein Haken, Indra! goldig, gross, mit dem du Schätze uns
bescherst,
damit fang eine Gattin mir, der ich ein Weib will, Herr der
Hilf! [184])

---

[182]) Bei Vrčevic in Tri glavne narodne svečanosti, S. 247.
[183]) Ebd. öfters, stereotyp in allen Sammlungen.
[184]) Atharva-Veda VI. 82. Übersetzt von Grill: Hundert
Lieder des Atharva-Veda.

Wenn bei der Hochzeit der Bräutigam die Hand
der Braut ergreift, sagt er den Vers: ‚Bhaga ergriff
hier deine Hand, Savitar deine Hand ergriff, Du bist
nun Rechtens meine Frau, und ich bin nun dein
Hausherr! [185])

An die Braut sind die Zeilen gerichtet:

1. Gleichwie, o Edler! das bequeme Lager
   dem Wild des Feldes lieb ist und behaglich,
   soll dieses Weib dem Bhaga lieb und traut sein,
   in Lieb auch mit dem Gatten stets geeinigt.
2. Des Bhaga Schiff besteige du, das volle, unerschöpfliche;
   damit fahr hin zu jenem Mann, der ein willkommner
   Freier ist. [186]).

Mit Indra, Agni und andern Göttern wird auch
Bhaga angerufen, die Braut mit Kindern zu segnen [187]).

Bei Hochzeits- und anderen Festfeierlichkeiten
werden zu Tische bei den Serben stets Bog und die
Sreća angerufen. Die Spruchformeln sind stereotyp
und erben sich von Geschlecht zu Geschlecht fort.
Das ist sicher wesentlich überkommenes Erbgut aus
älteren vorchristlichen Entwicklungsperioden. Das
Christenthum hat die stehenden Wendungen nur zum
Theil beeinflusst, doch nicht ganz verwischt.

Der Trinkspruch an Festtagen ist auch ein Segensspruch. Bei den Serben gibt es für jeden Festtag ein
bestimmtes Ceremoniell, nach welchem Trinksprüche
ausgebracht werden. Man segnet den Festkuchen, den
Braten, den Wein und Branntwein, das Hausgesinde

---

[185]) Atharva-Veda 14, 1, 51.
[186]) Ebd. II. 36, 4—5.
[187]) Ebd. 14, 1. 54.

und den Viehstand, Feld und Flur. An erster Stelle
werden B o g und die von Bog ertheilte S r e ć a angerufen. Damit heben die Formeln an:

,da bog da — da danas bude došla s nama a k vama
svaka dobra i čestita sreća, koja će nas po adetu složiti i
smiriti, rukama zagrliti i bracki izljubiti.' [188])

„Gäbe es Gott, es sei heute mit uns und zu euch jedes
gute und tüchtige Glück gekommen, welches uns nach Brauch
vereinigen und beruhigen, umarmen und brüderlich umhalsen
wird.'

,da bog da — našemu bratu domaćinu u svačemu sreću
dobru, sretnu i berićetnu, punu i bogatu, da mu ralo ore
u duboko, a stado ide u široko' u. s. w. [189])

„Gäbe Gott — unserem Bruder dem Hausältesten in
Allem und Jedem gutes Glück, ein glückliches und gewinn-
bringendes, ein volles und reiches, dass ihm die Pflugschar
tiefe Furchen reisse, die Herde aber in die Breite gehe" u. s. w.

,— da bog da, da se naši prijatelji poznaju po ćesi punoj,
po sablji britkoj i po svakoj dobroj i čestitoj sreći kako no
se poznaje danica zvijezda po istoku jutrenome' u. s. w. [190]).

„— Gäbe es Gott, dass man unsere Freunde erkenne am
vollen Geldbeutel, an dem scharfen Säbel und an jedem guten
und tüchtigen Glücke, so wie man den Morgenstern am
Morgenost erkennt."

Aus dem vollen Krug oder der vollen Flasche
werden vor Allem einige Tropfen auf die Erde ge-
gossen, dann erst füllt man die Gläser. Der Aus-
guss darf nie unterbleiben. Bei Zechgelagen wird
zuerst auf die S r e ć a aller Anwesenden ein Toast
ausgebracht:

---

[188]) Bei Karadžić in Život i običaji naroda srpskoga,
Wien 1867, S. 126.
[189]) Ebd. S. 75.
[190]) Ebd. S. 77.

sve braće dobre sreće
oko ovoga stola sjedeće,

(„Auf das gute Glück aller um diesen Tisch herum sitzenden
Brüder!")

das zweite Glas leert man auf die brüderliche Ein-
tracht, das dritte aber gilt als Symbol der Sreća:

treća čaša sreća naša! [191])
(„Das dritte Glas unsere Sreća!")

Das leere Glas umgestülpt setzt der serbische
Trinker sich auf den Kopf, denn trinkt man auf
Glück, so darf kein Tröpfchen Rest bleiben, es wäre
von böser Vorbedeutung. Derselbe Glaube ist auch
bei den Polen einheimisch [192]). Ein Hochzeitsliedchen
aus der Krakauer Gegend bezieht sich darauf:

w kielisecku na denecku
sccście się ukrywa.
Niewypitek — toć dobytek,
co sccście zaléwa.

(„In dem Gläschen auf dem Gründchen ist das Glück versteckt,
Das Trunkrestchen ist's Gewinnchen, das das Glück verdeckt'.)

Bei den Griechen des Alterthums war es Brauch,
bei Zechgelagen dem Agathòs Daímōn zu opfern,
und zwar gedachte man seiner mit einem Trunk un-
gemischten Weines. Es hat bei ihnen eigene Kneip-
gesellschaften gegeben, deren Mitglieder sich Aga-

---

[191]) Bei Begović Nikola in Srpske nar. pjesme I. S. 216,
Nr. I—III.

[192]) Bei O. Kolberg, im Lud, VI, Krakau 1873, S. 12:
za złą wróżbę mają, gdy w nim (w kielisecku, im Gläschen)
choć kropla napoju zostanie.

thodaimonistaí nannten [198]). Solcher ‚Ritter vom
guten Geiste' gibt es auch bei den Südslaven.
Namentlich im horvatischen Weinlande, in der Mos-
lavina und in Syrmien, wo Kaiser Probus die erste
Rebe gepflanzt haben soll, sind die Ritter erbge-
sessen. Die schönen altslavischen Trinksprüche von
Bog und der Sreća sind dem lustigen Zecher wohl
fremd. Als Heroen des Comments gelten ihm Vinko
Lozić (Weinlein Rebensohn) und Rako Šljivarić
(Branntweinchen Zwetschkensohn), diese vielbeju-
belten Schöpfungen aufgeheiterter Trinkerlaune. In
gleichem Range mit diesen zweien steht bei den
Deutschen König Gambrinus, der Schutzpatron
aller Verehrer ausgegohrenen, schäumenden Gersten-
saftes. Die beim Zechgelage am tapfersten sich gehalten, leeren vor dem Aufbruch noch ein Gläschen
bis zur Neige: ‚zu Ehren Vinko Lozić's: ‚da Bog da,
još nas mnogo puta veselio i razveselio!'

Nicht blos im Segens- und im Trinkspruche, auch
sonst gar oft heisst es, die Sreća komme von Bog;
ich will nicht behaupten, dass darin thatsächlich ein
Ueberrest aus vorchristlicher Anschauungsweise vorliegt, obgleich dies nicht undenkbar ist; unumstöss-
lich beweisen lässt es sich nicht; wahrscheinlicher
dünkt mir es, dass hier auch schon die jüdisch-
christliche Anschauung zur Geltung gelangt, wonach
alles Glück ein Ausfluss göttlicher Macht ist.

In diesem Sinne fasse ich die slovenische Wendung auf, wenn es z. B. heisst:

[198]) Vrgl. L. Preller, Griechische Mythologie I. 1872.
S. 444.

> srézhno ſo ſe dam vernili
> veliko lét ſhe v kup shivéli
> smeraj od Bóga ſrézho imeli [194]).

('Sie kehrten glücklich heim, lcbten viele Jahre zusammen und hatten alleweil von Gott Glück'.)

Höher bewerthe ich die serbische Formel. Ein Kämpe, der's eilig hatte, verkappt nach Russland zu fahren, und einen russischen Anzug rasch benöthigte, lief zum Schneider und sagte zu ihm:

> nije l Bog da i sreća od Boga
> da si sine kadagoder bio
> u dalekoj u zemlji moskovskoj;
> nije l Bog da i sreća od Boga
> da mi znadeš skrojiti odilo! [195])

(„Möchte es doch Bog so gefügt haben und die Sreća von Bog, dass du, mein Sohn, einmal im weiten Moskauer Lande dich aufgehalten; wollte Bog und die Sreća von Bog, du verstündest es, mir ein Gewand [nach dortigem Zuschnitt] zuzuschneiden'.)

Stereotyp ist die Wunschformel:

> ako Bog da i sreća od Boga [196]).

(„Falls es Gott gewährt und die Sreća von Gott!')

Die Sreća erscheint hier als Hoffnung. Bei den Römern werden Fortuna und Spes miteinander verbunden. PLUTARCH erwähnt unter den Stiftungen

---

[194]) Bei EMIL KORYTKO in Slovénske pésmi kranjskiga naróda, sabral-, Laibach 1841, S. 77.

[195]) Im Uzdarje S. 59, V. 447 ff.; vrgl. S. 64, V. 102 = V. 110; 170; 175: S. 73, V. 268.

[196]) Vrgl. z. B. bei L. MARJANOVIĆ a. a. O. S. 97, V.169 f., bei VRČEVIĆ in Srpske n. p. iz Herceg. S. 216, und sonst sehr häufig im Volksliede.

des Servius Tullius einen Altar der Týchē
Eŭelpis im Vicus longus [197]). Solche genaue
Unterscheidungen kennt der südslavische, primitivere
Volksglaube nicht.

Bog und Sreća.

Die Sreća wird nicht selten neben Bog, als ein
von Bog unabhängiges, gleichsam als ein anderes,
der Gottheit ebenbürtiges Wesen gedacht, welchem
die Macht zusteht, nach eigenem Ermessen in den
Lauf des menschlichen Lebens bestimmend einzu-
greifen. Eine ähnliche Stellung nimmt im kleinrussischen Volksglauben lichaja dolja, das vermenschlichte ‚böse Geschick‘ ein. Ein von ihrem
Liebhaber verlassenes Mädchen klagt in Verzweiflung
Gott an:

ochŭ Bože žǐ moj milosernyj! či to tvoja volja?
či e vŭ svjetje taka druga, či jno moja dolja?
— Ne narêkaj na Božuju volju
tôlíko ty narêkaj na lichuju dolju [198]).

(‚o du mein gnadenreicher Gott! ist das dein Wille? Gibt es
noch wo in der Welt eine andere dolja gleich der meinen?
(Die Mutter:) Klag nicht über Gottes Willen, klag du nur an
dein böses Geschick‘.)

Bei den Serben und Horvaten tritt die Sreća
prägnanter auf. Ihr Machtbezirk erscheint freilich
nicht genauer bestimmt. Genauere Bestimmungen
hätten natürlich auch einen Sreća-Cultus zur Vor-

---

[197]) R. Peter spricht darüber ausführlicher bei Roscher
a. a. O. S. 1538.

[198]) Bei Holovacki a. a. O. S. 240, Nr. 5. V. 3 ff.

aussetzung. Die Sreća wird manchmal an erster Stelle vor Bog, gewöhnlich aber nach Bog genannt. In diesen Fällen, wo die Sreća derart im Vordergrunde erscheint, darf man sie füglich der Fortuna der Römer und der Tyche der Altgriechen fast gleichstellen; man muss daher sie wohl als ein vom Volke mythisch empfundenes göttliches Wesen anerkennen.

Ein merkwürdiges Beispiel dafür liegt in folgender Pitalica [199]) vor: ‚Einem Weibe verstarb der Mann; da sagte sie: Gott möge es fügen, dass mir auch dies zu guter Stunde widerfahren sei.‘ Drauf die Kinder: ‚Was redst du unglückselige Mutter!‘ — ‚Bei Gott, Kinderchen, wann die Sreća (mit mir) wäre, könnte ich mich mit einem noch besseren (reicheren) und wann es Gott wollte, mit einem noch jüngeren (Manne) verheiraten [200]).

Ein andermal heisst es wieder, ‚Bog gibt, die Sreća bringt, so sagt z. B. ein Kämpe:

> Bog mi dao a sreća don'jela
> pa se s tobom sad sastadoh pobro [201]).

(‚Gott hat mir es gegeben und die Sreća gebracht, dass ich mit dir, Wahlbruder, jetzt zusammengetroffen bin.‘)

---

[199]) Über die Pitalica im Allgemeinen vergl. Sitte und Brauch. Einl. S. XIX.

[200]) In Dubrovnik. Zabavnik štionice dubrovačke. IV. godište 1876. Narodne pitalice iz zbirke Vuka Vrčevića. S. 275, Nr. 35: ‚Bogme djeco, kad bi sreća bila, mogla bih se udati za boljijem a kad bi Bog htio i za mlagjijem.‘

[201]) Bei Krauss. Pandžić Huso i Pavečić Luka pobra. Pjesan naših muhamedovacâ. Mostar 1885. S. 9, V. 17 f.

Wenn noch ein Zweifel obwaltete, dass vom Volksglauben G o t t und die S r e ć a als Sonderwesen betrachtet werden, so muss er schwinden in Berücksichtigung von Redewendungen, wie:

susrela vas dobra sreća i sam gospod Bog[202]).

(„Euch begegne die g u t e Sreća und G o t t der Herr selber.')

odnese me Bog i sreća Jovu pred dvore[203]).

(„Gott und die Sreća trugen mich vor Johannes' Gehöfte.')

ako li te Bog i sreća najde[204])
pa ustrjeliš na kopju jabuku.

(„Wenn dich G o t t und die Sreća finden, und du den Apfel auf dem Speere triffst.')

Derart stark haftet diese Vorstellungsweise im südslavischen Volksbewusstsein, dass selbst die turzisirten mahommedanischen Slaven noch ganz daran festhalten, nur setzen sie für S r e ć a das persische Wort b â f t oder b á c h t[205]) ein. So z. B. schrieb

---

[202]) Bei Vrčević a. a. O. S. 218 zweimal. S. 219, zweimal. Im Segen, welchen der Hochzeitsreigen den abziehenden Brautleuten nachsingt.

[203]) Ebd. S. 235. Der Reigen singt vier Strophen im Namen der Braut. Die oben mitgetheilte Zeile bildet den Refrain.

[204]) Bei Stj. Mažuranić: Hrv. n. pj. S. 54, Vers 15.

[205]) Persich b a c h t (oder b a k h t). „Die Parsen haben für S c h i c k s a l (Glück) auch das Wort b a k h t a (Vendidâd 5, 29). in neueren Sprachen b a k h t, was eigentlich „z u g e t h e i l t" bedeutet.' Fr. Spiegel in Eran. Alterth.-Kunde II. 1873. S. 11. Im Wörterb. der südslav. Akademie in Agram hat sich nach Karadžić (s. v. im serb. Wörterb.) der Accentfehler b ä h t und b ä t eingeschlichen. Der Bošnjak und Hercegovac accentuiren aber richtig, wie ich es oben im Text angegeben. Bâft sagen die Bulgaren nach der arabischen Aussprache. Im Ak. Wörterb. fehlt diese Form. Ueber die pers. Vorstellung von b a k h t vergl. im weiter Folgenden die Anmerkung.

Mahmut Paša, Vezir von Skutari (im J. 1796) an den
Vladika der Crnagora Peter I., „ja ne kupim vojsku
krijući nikatї fala bogu i baftu moemu“ [106])
(Ich sammle niemals ein Heer im Geheimen, Gott
sei es gedankt und meinem Glück).

Gewöhnlich genügt dem Helden im Kampfe der
Beistand der Sreća, doch fast nicht minder selten,
heisst es, hilft ihm Gott in Gemeinschaft mit der
Sreća, z. B.:

> al Tadiji Bog i sreća bila [107])

,doch dem Tadija stand Gott und die Sreća bei‘,

oder bedingungsweise wird der Kampf einen günstigen Verlauf nehmen:

> ako tebi Bog i sreća bude [108])

,falls dir Gott und die Sreća beistehen werden‘,

nach erlangtem Siege sagen aber die Sieger:

> dobra sreća i Bog nam je dao [109]),

,die gute Sreća und Gott haben es uns gegeben‘,

sehr häufig, man kann sagen stereotyp, ist die Formel Bog i sreća dade (Gott und die Sreća haben
es gegeben). Diese Redensart kommt am gewöhnlichsten in den epischen Liedern vor, so:

---

[106]) M. Milakovića kavaljera Dimitrija život i djela,
sastavio Georgij Nikolajević, Wien 1860, S. 227.

[107]) Im Uzdarje S. 28, V. 111 u. V. 115.

[108]) Ebd. S. 90, V. 37 = S. 96, V. 125.

[109]) Ebd. S. 73, V. 288.

ako li mi Bog i sreća dade [210])

oder: ako nama Bog i sreća dade [211])

oder: eda nama Bog i sreća dade [212])

oder: pa što nami Bog i sreća dade [213])

Die Bulgaren haben in ihrem Volksglauben keine Sreća, und selbst Bog wird durch das christliche gospot (Herr) gewöhnlich ersetzt. Die letztangeführten Beispiele liessen sich in der bulgarischen Sprache nur durch Umschreibungen wiedergeben. Für Sreća setzt der literarisch gebildete Bulgare gewöhnlich Fortuna ein. Das bulgarische Volkslied entbehrt also den dichterisch schönen mythischen Zug von der Sreća. Es ist der Ausspruch eines Christen, der blos slavisch sich ausdrückt, wenn der Sohn zur Mutter sich beklagt:

i ja radim majko i konÏ radi,
koga Gospot majko ne pomaga [214]).

(„ich arbeite, Mutter, auch das Pferd arbeitet. (doch vergeblich) o Mutter, wann der Herr (Gott) nicht hilft!")

Das Nichtvorkommen einer Glücksgöttin im Volksglauben der Bulgaren wird man wohl mit Fug und Recht als eines der wenigen zuverlässigen Unter-

---

[210]) Bei KRAUSS: Tri riječi Hercegovca. Mostar 1885, S. 21, V. 5.

[211]) Im Uzdarje S. 76, V. 546.

[212]) Ebd. S. 50, V. 89 u. V. 96.

[213]) Bei KRAUSS: Pandžić Huso S. 20, V. 1 = S. 21, V. 12. — Im Uzdarje S. 74, V. 358; vrgl. S. 109, V. 44; S. 126, V. 30 und sonst sehr oft z. B. bei Vrčević, S. n. p. iz Herceg.: bog i sreća dala S. 53, 70, 76, 82.

[214]) Im Periodičesko spisanie. Braila 1874, S. 89. Nr. III. V. 3 f.

scheidungsmerkmale zwischen specifisch bulgarischem Volksthum einerseits und serbisch-horvatischem andererseits anführen dürfen.

* *
*

Gott und das Schicksal.

In einer Volkssage aus Serbien wird erzählt, wie sich Jemand auf den Weg zu Gott gemacht, um über sein Glück von Gott Rechenschaft zu fordern [115]). Hier hat schon ganz die jüdisch-christliche Anschauung die Oberhand gewonnen, darnach Gott allein jedem sein Glück und Schicksal bestimmt. Im Mittaggebete zu Roš-ha šana und Jom Kipur singen die Juden in den Bethäusern den berühmten Trauergesang ‚Unsanêh tokev kdušas hajom‘ (Und ihr sollt erkennen die Gewalt und die Heiligkeit des Tages). Dieses Gedicht beruht auf dem Glauben, dass alljährlich an diesen Tagen jedem Menschen insbesondere in Gottes Rathschluss für das nächste Jahr sein Schicksal bestimmt wird. („Wer am Leben bleiben, wer sterben soll; wer durch Feuer, wer durch Wasser und wer durch's Schwert, wer durch Hunger und wer durch Durst ums Leben kommen, wer ein ruhiges, wer ein bewegtes Leben führen soll.") Dieser sonderbare Text ist aber erst vor 400 Jahren vom deutschen Rabbi Amnon verfasst worden. Die nichtdeutschen Juden verwerfen dieses Gebet. Bei den Spaniolen in Bosnien und der Hercegovina habe ich

---

[115]) In der ‚Zorica‘ izdao Eremija Karadžić. Belgrad 1861, S. 27f. Später theile ich die Geschichte ganz mit.

es zum Mindesten nicht gefunden. Der Talmud kennt diesen Glauben in dieser Fassung noch nicht. Nach talmudisch-jüdischem Glauben bestimmt Gott jedem Menschen bei dessen Geburt sein Schicksal für's ganze Leben. Das ist die eigentlich theistische Anschauung der Semiten überhaupt. Als wäre es eine directe Uebersetzung aus dem Talmud, hören sich Stellen aus südslavischen Volksliedern an, wo es heisst:

> Velike su od boga sudbine;
> sve će biti što imade biti
> i kako je bogom naregjeno [216]).

,Gross sind Gottes Schicksalsschlüsse, alles wird geschehen, was geschehen muss, und wie es durch Gott angeordnet ist.'

In einem noch ungedruckten Guslarenlied meiner Sammlung werden dem Sultan Murat nach dem an ihm vollbrachten Attentate des serbischen Heerführers Miloš Obilić die Worte in den Mund gelegt:

> nemojte vi zamjereni biti
> što je mene Miloš rasporio.
> To je tako od Boga sugjeno,
> već je meni došlo umrijeti.

(,Haltet euch darüber nicht auf, dass mir Miloš den Bauch aufgeschlitzt hat. So war es mir von Gott beschieden; meine Sterbensstunde ist schon gekommen.')

In einem anderen Guslarenlied spricht ein Kämpe:

> sve će biti što bude sugjeno [217]).

(,Alles wird geschehen, wie es beschieden sein wird.')

---

[216]) Im Uzdarje S. 57, V. 339 ff.

[217]) Bei Krauss in Pandžić Huso etc. S. 13, V. 20. Vrgl. Mitth. d. Anthropol. Gesellschaft in Wien, B. XVI, Nr. 1, S. 13, a. Die daselbst ausgesprochene Ansicht über das Schicksal im serbischen Volksglauben erfährt nun wohl ausreichende Berichtigung.

In allen drei Fällen sind es freilich Mahomedaner, die so sprechen, aber auch nichtmahomedanische Serben bedienen sich solcher Ausdrucksweise. Ein bulgarisches Volkslied erzählt, eine unfruchtbare Frau habe zu ihrem Manne gesagt, er soll sich von ihr scheiden lassen, denn sie bringe ihm keine Nachkommen zur Welt. Der Gatte tröstete sie aber:

> tuku ni bilo kasmet od Boga [218]).

(„es war nicht von Gott beschieden.')

In einem anderen bulgarischen Liedchen sagt ein Junge zu seinem Mädchen:

> ne moj mome ne me klni
> bi kĩe kasmet zema kĩeš me [219]).

(„Nicht doch, Mägdlein, fluch mir nicht, ist's Schicksalsbeschluss, wirst du mich bekommen.')

So kann getrost ein Christ sprechen, es unterliegt aber kaum welchen Bedenken, dass der fatalistische Glaube gerade in diesen Wendungen bei den Südslaven hauptsächlich durch ihre Besieger, die moslemitischen Türken, eingebürgert wurde. Kysmet ist ein türkisches Wort. Die Bulgaren sprechen es kasmet und ksmet aus, die Serben kišmet, kašmet oder auch krsmet. Die semitischen Araber waren selbstverständlich die Lehrer der Türken. Was die Araber in dieser Hinsicht bieten, scheint mir aber uraltes semitisches Gemeingut zu sein. Wenigstens finde ich diesen Glauben schon ganz bestimmt ausgesprochen in dem nachweislich zweitältesten

---

[218]) Bei den Miladinovci a a. O. S. 263, Nr. 170.

[219]) Im Periodičesko spisanie I. Heft XII, Braila 1876, S. 177. Nr. 9. V. 20 f.

literarischen Denkmal semitischen Geistes, im Buche Hiob, wo es heisst: vhu beechod vnafšo ivtho vajoath (Er, der Einzige, so wie er es beschliesst, so geschieht es).

Gewiss hat solcher Glaube bei den Südslaven leichtempfänglichen Boden gefunden, denn die echt-südslavischen Vorstellungen vom Schicksal sind damit stark verwandt. Es will mich bedünken, als dürften wir eine Wendung wie folgende bulgarische

ako Bog da i sugeno bidit [220])

(„Falls es Gott gibt und es beschieden sein wird')

und wie die stereotype kleinrussische (die Mutter tröstet ihre wehklagende Tochter, die ihr Schicksal bejammert):

taka tobje dolja sudilasja [221])

(ein solches Schicksal ist dir bestimmt worden')

leicht als echten Ausdruck älteren slavischen Glaubens hinnehmen.

Der Fatalismus ist bei den Slaven überhaupt in weit höherem Grade als beispielsweise bei den Deutschen verbreitet. Resignirte Ergebung in missliche Verhältnisse ist eine charakteristische Eigenthümlichkeit der Slaven im Norden wie im Süden. Der Deutsche, der Engländer und selbst der Franzose setzt immer wieder neu an, wenn ihm ein Unternehmen missglückt, er will das Glück zwingen; seine Energie lässt ihn nicht ruhen und nicht rasten, bis er sein angestrebtes Ziel erreicht; der Slave aber

---

[220]) Bei den Miladinovci a. a. O. S. 59. Nr. 50.
[221]) Bei Holovacki a. a. O. I, S. 239, Nr. 5, V. 32.

drückt sich nur zu leicht bei Seiten, wenn er auf
den ersten Angriff nicht zum Ziel gelangt; denn er
hält das Misslingen für eine Schicksalsbestimmung.
Selbst die hochgebildeten Kreise stehen unter dem
Drucke dieses Glaubens. Zur Erläuterung möge
folgende kleine Geschichte dienen, die jüngst im
„St. Petersburger Herold" [333]) stand. Jemand
wollte beim Minister in einer wichtigen Angelegenheit
eine Bittschrift einreichen und begab sich in eine
Kanzlei. „Am nächsten Morgen ging ich zu dem
Manne, der meine Bittschrift in's Reine schrieb", erzählte der Petent, „ich unterschrieb meinen Namen,
und der Copist, Herr M., wollte Sand über meine
Unterschrift streuen, aber anstatt den Sandstreuer zu
nehmen, vergriff er sich und nahm das Tintenfass,
und — um die sauber abgeschriebene Bittschrift war
es geschehen! Herr M. sprang auf vor Aerger, seine
Empfangsstunde war nur bis 11 Uhr Vormittags.
,Nichts zu machen, Sudĭba (Schicksal)!' sagte er,
für heute kann ich sie nicht nochmals abschreiben,
also morgen!' Wir beide bedauerten den Vorfall. Es
war aber Gottes Fügung."

Nach jüdisch-christlicher und arabisch-türkischer
(moslemitischer) Anschauung ist Gott der Schicksalsbestimmer. Die Slaven haben diesen Glauben mit
dem Christenthum wohl aufgenommen, doch zugleich
ihren alten mythischen beibehalten. Die conserva-
tivsten sind die Südslaven. Ihr Schicksalsglaube
bietet den reichsten Aufschluss auch über die bezüglichen Anschauungen der übrigen Slaven. Ich

---

[333]) Im XI. Jahrg., Nr. 305, am 1. (13.) November 1886.

werde nun, so weit es der knapp bemessene Raum
dieser Abhandlung zulässt, den südslavischen Volksglauben vom Schicksal den Hauptmomenten nach
darzustellen suchen.

Der räthselhafte Alte.

Es gibt bei den Südslaven zwei von einander
wesentlich verschiedene Sagenkreise über Schicksals-
dämonen, die dem Menschenkind in seiner Geburtsnacht — nicht etwa gleich in der Geburtsstunde
— sein zukünftiges Schicksal bemessen. Am weit-
verbreitetsten ist der Glaube an Geburts- und
Schicksalsgöttinnen, die dem Kinde sein Schicksal zusprechen oder bestimmen. Man erkennt
in ihnen leicht mit den Moiren, Parzen und Nornen identische mythische Gestalten. Weniger bekannt ist der zweite Sagenkreis, in welchem die
Hauptrolle ein männlicher Dämon trägt, der irgendwo, ferne in unbekannter Welt, abgeschieden von
der Menschheit, einsam haust und, ewiger unwandel-
barer Nothwendigkeit selber gehorchend, den Neugeborenen ihre Schicksalslose austheilt oder
Gaben für's Leben auswirft. Letzteren Glauben fand ich in der ganzen, so überaus reichen südslavischen Volksliteratur, nur in drei serbischen, inhaltlich mit einander nahe verwandten Sagen direct
ausgesprochen, den Horvaten, Bulgaren und Slovenen
scheint er aber fremd zu sein, zum Mindesten sind
mir keinerlei weitere Zeugnisse dafür vorgekommen.
Mehrere gewichtige Umstände weisen darauf hin,
dass uns in diesem Glauben eine verhältnissmässig

sehr junge Entlehnung aus dem Oriente vorliegt. Vor
Allem fällt es auf, dass weder das Guslarenlied,
noch das lyrische Volkslied und auch das Sprichwort
nie eines Schicksalsaustheilers gedenken. Nicht minder schwer fällt in die Wagschale der Mangel einer
einheitlichen Benennung des Unbekannten, und selbst
der eine Name, wie er in der einen Sage sich findet,
erregt gerechte Bedenken. Ich meine den Namen
U s u d, den die Fassung in der KARADžIĆ'schen Sammlung """) darbietet. U s u d soll hier S c h i c k s a l s -
b e s t i m m e r heissen. Nun bedeutet aber das Wort
ganz so wie das čechische und kleinrussische o s u d,
das polnische s ą d und das russische s u d ï b a blos
‚A u s s p r u c h‘, ‚i u d i c i u m‘ und in übertragenem
Sinne ‚Gerichtsspruch‘, ‚Gericht‘, ‚Schicksalsspruch‘,
‚Schicksal‘. Das Wort bezeichnet an und für sich
keine Person. In den slavischen Sprachen ist es nicht
gewöhnlich, dass in dieser Weise Bezeichnungen für
abstracte Begriffe als Namen für Personen Verwendung finden; mythische Wesen haben im slavischen
Volksglauben solche Namen, die schon grammatisch
durch das Suffix genau angeben, ob eine männliche
oder eine weibliche Gestalt gemeint sei. Ich meine,
der Erzähler hat eben den Namen U s u d aus Eigenem
dem Schicksalsbestimmer gegeben, nur damit der Unbekannte einen Namen haben soll.

In der zweiten Fassung heisst der Unbekannte
einfach ‚ein Greis‘, in der dritten aber ist Gott (bog)

""") In: Srpske nar. pripov. S. 76. In kürzerer Fassung,
offenbar nach der serb. Vorlage, nur wiedererzählt bei VAL-
JAVEC in Nar. prip. 1858.

für den namenlosen Schicksalsaustheiler substituirt.
Die zweite und dritte Fassung weiss auch von einem
Lebenslichte des Menschen zu erzählen. Dieser Zug
ist nun dem südslavischen Volksglauben ganz gewiss
ursprünglich in vorchristlicher Zeit fremd, dagegen den
semitischen Völkern seit jeher wohlbekannt gewesen.
In der internationalen Sage vom ‚Gevatter Tod‘ [224]), der
ich in der STOJANOVIĆ'schen Sammlung [225]) begegne,
ist freilich die Rede vom Lebenslichte. Die Sage ist
unter den Südslaven sehr stark verbreitet. Ich kenne
von ihr noch fünf gedruckte Varianten, doch in
keiner wird mehr des Lebenslichtes Erwähnung gethan. STOJANOVIĆ dürfte die Sage, sowie manche andere, die er für horvatisch ausgibt, einfach einer
deutschen Vorlage nacherzählt haben. Er kommt
also hier als Zeuge nicht in Betracht. Die Semiten
sprechen wohl von einem ‚Lichte des Lebens‘ (he-
bräisch: or hachajim), Griechen und Römer ent-
lehnten das schöne Gleichniss den Orientalen. Auf
verschiedenen Wegen hat es seinen Einzug auch in
die deutsche Sprache gehalten. Ich erinnere z. B.
an die Redensart: ‚Einem das Lebenslicht ausblasen‘.

Ich will nun die drei Sagen mittheilen. Die erste,
welche vom glücklichen und unglücklichen Bruder
sagt, habe ich zur Hälfte schon früher mitgetheilt.
Nachdem der Unglückliche mit seiner Nesreća gesprochen, begibt er sich auf ihr Anrathen auf den

---

[224]) Vrgl. den schönen Aufsatz bei GUSTAV MEYER in den
Essays und Studien zur Sprachgeschichte und Volkskunde,
Berlin 1885, S. 242—286: ‚Der Pathe des Todes‘.

[225]) In: Pučke pripovicdke i pjesme. 1867.

Weg zum Usud. Nach manchen Abenteuern gelangt er wohlbehalten beim Usud an. Als er in des Usud's Gehöfte eintrat, schien es ihm ein königlicher Hof. Da gab es Diener und Dienerinnen, die tummelten sich eilig hin und her, der Usud aber sass allein am gedeckten Tisch und nachtmahlte. Er setzte sich schweigend an seine Seite hin und ass mit. Der Usud sprach auch kein Wörtchen. Abends legten sie sich gemeinsam schlafen. Um die Mitternachtsstunde erhob sich ein fürchterliches Getöse, und aus dem Getöse liess sich eine Stimme vernehmen: ‚O Usud! o Usud! so und so viel Seelen sind heute geboren worden, ertheile ihnen, was du willst (podaj im šta ćeš). Darauf stand der Usud auf, öffnete die Geldkisten und begann lauter Dukaten im Zimmer herumzuwerfen. Dabei sprach er: ‚So wie es mir heute ergeht, so soll es ihnen bis an ihr Lebensende ergehen'. Am nächsten Tage stand der grosse Palast nicht mehr da, wohl aber ein stattliches, bürgerliches Wohnhaus (srednja kuća), darinnen gab es aber doch von Allem in Fülle. Wieder ass der Mann schweigend mit dem Usud und that ihm Alles nach. Um Mitternacht erscholl wieder das Getöse und die Stimme. Der Usud stand auf und öffnete die Geldkiste, doch waren darin keine Dukaten, sondern Silbermünzen und wohl vereinzelt auch ein Dukaten. Wieder warf er das Geld aus und sprach wie in der vorigen Nacht. Am nächsten Tage stand daselbst ein noch kleineres Haus, und Nachts war in der Geldkiste noch geringeres Geld als früher. So erschien jeden Morgen das Haus kleiner, bis endlich eine

ganz kleine Hütte dastand. Dann nahm der Usud
eine Haue und mühte sich den ganzen Tag mit Feldarbeit ab. Abends nachtmahlte er mit dem Manne
blos ein Stück Brod. Um Mitternacht stand der Usud
auf, öffnete die Kiste und begann lauter Pfennige
und nur hie und da eine Silbermünze auszuwerfen.
Am Morgen hatte sich die Hütte in den grossen Palast verwandelt, wie er ehedem dastand. Nun fragte
der Usud den Mann: ‚Zu welchem Zweck bist du
hiehergekommen?‘ Der schilderte ihm der Reihe nach
sein Leidwesen, also wäre er denn hiehergekommen,
um ihn zu fragen, warum er ihm ein böses Glück
(zlu sreću dao) gegeben. Darauf der Usud: ‚Du hast
es gesehen, wie ich in der ersten Nacht mit Dukaten herumwarf, und was dann weiter folgte. So
wie es mir in Jemands Geburtsnacht ergeht, so ergeht es dem Betreffenden bis an sein Lebensende.
Du bist in einer Armuthsnacht (sirotinjske noći) geboren, und bleibst darum ein Armer dein Leben lang;
dein Bruder aber ist in einer glücklichen Nacht geboren worden und wird bis an sein Ende glücklich
bleiben. Dir kann aber geholfen werden. Dein Bruder hat eine Tochter Namens Milica; die ist glücklich so wie ihr Vater. Sobald du nach Haus kommst,
nimm Milica zu dir, und was du erwirbst, sag, das
gehört ihr?

Der Mann befolgte den Rath des Usud, nahm
Milica zu sich in's Haus, und was er erwarb, alles,
sagte er, gehöre Milica. Als er aber einmal seine
herrlichen Felder besichtigte, fragte ihn ein Wanderer: ‚Wem gehören diese Felder?‘ — ‚Mir‘. Im

selben Augenblicke entständ ein Brand, der die
Frucht wild niedersengte. Da lief der Mann dem
Wanderer nach und rief ihm zu: ‚Nein, nicht mir,
Milica gehören die Felder'. Sogleich hörte der Brand
auf. Von da ab lebte er immer glücklich mit Milica.

In dieser Fassung der Sage halte ich vor Allem
den Zug von der Geldkiste für ein Einschiebsel des
slavischen Wiedererzählers. In Bauernhütten pflegen
die Leute ihr ganzes Geld in der sogen. Brautkiste
aufzubewahren. Im Original muss, nach den gleich
folgenden Varianten zu urtheilen, vom Lebenslichte,
das sich täglich verringert oder vergrössert oder von
etwas Aehnlichem, die Rede gewesen sein. Der betreffende Serbe, wohl auch selber dichterisch angelegt,
hat dieses Bild, weil es ihm und seinen Zuhörern
fremd war, durch ein seinem Anschauungskreise
näherliegendes vertauscht. Analoge Ueberarbeitungen
fremder Sagenstoffe lassen sich in jeder Literatur
nachweisen. Der Zug vom Geldhinauswerfen scheint
mir aber vollends modern. Ein primitives ackerbau-
treibendes Volk schätzt nämlich den Reichthum nicht
so sehr nach Geldbesitz als nach der Menge des
Grundeigenthums und grossen Viehstandes. Es läge
dem Südslaven näher blago (= Viehstand, auch
im Sinne von Schatz, Kostbarkeit gebraucht)
als novci (Geld) für sreća (Glück) in einer Sage
metaphorisch zu gebrauchen.

Näher, glaube ich, steht folgende Fassung[120])
dem arabischen Original. Es ist die Rede von kaiser-

---

[120]) Bei Gjorgje Kojanov Stefanović. Srpske narodne
pripovedke. Neusatz, 1871, S. 207 ff.

7*

lichen Prinzen und geschäftlichen Unternehmungen
auf dem Meere. Auch sonst trägt die Sage das
märchenhafte Gepräge der semitisch-orientalischen
Weise zur Schau.

„Es war einmal ein Kaiser, der hatte drei Söhne.
Die älteren zwei waren von gutem, der dritte aber
von schlimmem Glück (dobre, ude sreće). Der Kaiser
sah dies schon bei Lebzeiten ein, theilte sein Reich
in zwei Hälften und gab die eine dem einen, die
andere dem anderen Sohne; den dritten vom schlim-
men Glücke betheilte er mit einer gewaltig grossen
Menge Geld, er soll damit sein Leben fortbringen.
Nahm der jüngste Bruder sein Geld und zog aus in
die Welt. Wanderte und wanderte und gelangte in
ein anderes Kaiserreich. In diesem Kaiserreich lernte
er einen Schiffsmann kennen, der mühte sich gar
bitterlich ab, indem er unterschiedliche Balken und
anderes Holzwerk verlud, um das Holz in der Stadt
zu verkaufen. Er dauerte den Kaiserssohn, und der
Prinz gab ihm eine grosse Geldsumme: ‚Da nimm,
Aermster, diese Summe und arbeite damit, wie dich
Gott beräth.‘ Der Fährmann nahm das Geld, kaufte
verschiedene Waaren ein, verlud sie auf ein Schiff
und zog aus, Geschäfte machen. Kaum war das
Schiff zur See, erhob sich ein starker Sturm. Krach!
schleuderte er's an eine Felswand, dass das Schiff
in lauter Stücke zerfiel. Die ganze Ladung ging
unter. Beinahe wäre der Aermste mit um's Leben
gekommen. Wieder traf ihn der unglückliche kaiser-
liche Prinz an und fragte ihn: ‚Nun, du Tropf!
hast dich beholfen?‘ Antwortete der Schiffer nieder-

geschlagen: ‚Herr! Beholfen habe ich mich nicht, beinahe aber wär' ich um's Leben gekommen. Das Geld hatte ich in verschiedenen Waaren angelegt und zu Schiff gebracht. Ich war noch nicht einmal recht auf der See, erhebt sich dir nicht ein Wind, schleudert mir's Schiff an einen Felsen, dass es ganz in Trümmer zerfällt.‘

Der unglückliche Prinz tröstete ihn darüber und gab ihm jetzt eine zweimal grössere Summe als früher. ‚Nimm‘, sagte er, ‚und versuch' dein Glück, vielleicht wirst du glücklicher sein.‘ Der Fährmann nahm das Geld, aber es erging ihm damit noch schlechter als das erstemal. Der Prinz besuchte ihn bald darauf und fragte ihn: ‚Na, wie ist's gegangen?‘ Der Fährmann erzählte ihm alles haarklein. Zum drittenmal gab ihm der Prinz eine noch bedeutendere Summe, damit jener noch einmal ein Geschäft anfängt. Aber der Unglücksmensch fuhr nicht besser als das erste- und zweitemal. Wieder kam der Prinz zu ihm und fragte ihn: ‚Nun, wie geht's dir jetzt?‘ — „Lass mich gehen mit deinen Unterstützungen! Ich merke schon, dass du von schlimmem Glück bist, denn ich bin mit deiner Unterstützung jedesmal schlimm gefahren. Dein Geld soll dir in Ehren bleiben; lieber mag ich wie bisher ärmlich mein Leben unter Plagen fristen, als stets mit deinen unglücklichen Schätzen in Angst und Entsetzen vor dem Untergange leben.“

Der Prinz überzeugte sich also noch mehr von seinem bösen Glück und zog weiter ganz besorgt, was schliesslich mit ihm geschehen wird. In Sorgen und Gedanken vertieft, ging er vor sich hin und gelangte in einen grossen Wald hinein. In diesem Walde fand er einen Fusssteig, auf diesem Stege kam er zu einem alten verfallenen Hause; in diesem Hause fand sich aber sonst nichts vor als in der Mitte ein schwachglimmendes kleines Brandscheit. Daneben stand ein Töpfchen mit Speisen. Als es Abend wurde, kam ein alter Mann (grauer M.), dem reichte der weisse Bart bis zum Gürtel. Der sprach kein Wörtchen, der Prinz auch nicht. Nach dem Nachtmahl legten sich Beide schlafen. Vor dem Morgengrauen stand der Greis auf und ging seines Weges, der Prinz aber blieb allein. Gegen Abend kehrte der Greis heim, doch er sprach wieder kein Wörtchen. Er schaute nach dem Brandscheit, das hatte, bei Gott, schön Flammen gefangen. Sie nacht-mahlen und legen sich schlafen. Vor dem Morgen-grauen geht der Alte wieder fort, der Prinz bleibt zurück. Gegen Abend kam jener wieder schweigend heim, schaute auf das Brandscheit, das brannte aber, dass alles prasselte. Nach dem Nachtmahl sagte der Alte: ‚Siehst du, das ist dein Glück, dass du hast schweigen können, sonst hättest noch immer keine Ruhe gefunden. Am ersten Abend hast du ein schwachglimmendes Feuer gesehen. Das ist, und von der Art ist deine Sreća. Das Feuer vom zweiten und dritten Abend, das ist, und so ist deiner Brüder Sreća. Nun zieh in die Welt, und heirathest du, so sag' nie, was du erworben, gehöre dir, sondern immer, es gehöre deiner Frau.' Als der Prinz dies vernommen, nahm er Abschied vom Alten und zog fort in die Welt. Irgendwo in der Welt lernte er eine schöne Prinzessin kennen, nahm sie zur Frau und begann allmälig zu wirthschaften. Was er erwirthschaftete, das, sagte er, gehöre seiner Frau, nicht ihm.

Davon hörte auch sein Vater, wie sein Sohn von schlimmem Glücke, doch so schön sich behelfe, und da entschloss er sich einmal zur Reise und kam zu Gast zum Sohne. Der Prinz freute sich des Vaters gar sehr und erzählte ihm von seinem Glück und wie ihm alles von der Hand gehe. So ergingen sie sich und kamen zu einigen Männern, die goldige Feldfrucht in die Scheunen einlagerten. Fragte der Vater: ‚Ja, wem gehört denn diese Feldfrucht, mein Sohn?‘ — Der hatte aber schon des Rathes und der Worte jenes Alten im Walde vergessen und sagte: ‚Vater! Schau, Alles herum besitze ich, ist mein Eigenthum.‘ Kaum hatte er diese Worte ausgesprochen, fuhr ein leuchtender Blitzstrahl zur Erde herab und steckte das ganze Gut in Brand. Alles verbrannte bis auf den nackten Erdboden. Da gedachte erst der Aermste jener Weisung, doch zu spät. Der Kaiser aber nahm ihn und die Schnur bei der Hand und führte sie heim zu sich. Hier lebten sie schön bis an ihr Ende. Sein Vater hatte es ihm sonst schon oft gesagt: Wer unglücklich ist, ist wirklich unglücklich.“

Dass diese Sage blos eine Variante der früheren ist, halte ich für evident, nur meine ich, hat letztere getreulicher die Züge des mir leider nicht näher bekannten arabischen Originals bewahrt. Die dritte

Variante mag vielleicht auf diese zwei zurückzuführen sein. Es fehlt wohl das Moment von den
Brüdern, dafür erzählt sie die Abenteuer ähnlich wie
die erste, spricht aber genauer vom Lebenslichte.
Der Grundzug ist im Ganzen in allen drei Fassungen
derselbe. Slavisch localisirt ist die dritte Fassung
in der Weise, dass ein Schiffschlepper, also ein social
nicht eben sonderlich angenehm situirtes Individuum,
über sein Glück nachgrübelt. Die Sage [347]) lautet:

„Es war einmal ein armer Mann (siromašak), der
that sich gar viel in der Welt herum, konnte aber
nirgends für sich ein ordentliches Auskommen finden.
Endlich überlegte er sich's und sagte: ,Will mich
mal auf Schiffen als Schiffzieher verwenden lassen,
denn dieses Geschäft hat mir noch immer am besten
gefallen. Hab's gehört, dass Seecapitaine und Ma-
trosen im Sommer am besten leben.' Gesagt, gethan. Im Verlauf von mehreren Jahren glückte es
dem Schiffzieher, und er wurde Steuermann zu Schiff.
Da sagte er einmal zu seinen Genossen, die das Schiff
mit Jochseilen zogen: ,Ach, gäb' es Gott, dass ich
Capitain auf Seegaleeren würde!' Darauf bemerkte
der Herr des Schiffes: ,Und was soll dann mit dem
bisherigen Capitain geschehen?' — ,Na, der war
schon lange genug Geschäftsgenosse des Kaisers'
(= der hat schon sein Schäflein in's Trockene gebracht). Der Schiffzieher bekam schliesslich auch
das Steuern satt und machte sich auf in die Welt,
ein anderes Glück zu suchen (potraži drugu sreću).

---

[347]) In der Zorica ili Kalendar za prostu godinu 1861.
Izdao Evrmija Karadžić. VIII. godina. U Beogradu. S. 27—28.

So gelangte er in ein Haus und sagte: ‚Helfe (euch)
Gott!‘ Der Hausvorstand antwortete: ‚Gott soll dir
helfen!‘ — ‚Könnt’ ich hier übernachten?‘ — ‚Wohin
wanderst du?‘ fragte der Hausvorstand. — ‚Gott
will ich aufsuchen.‘ — ‚Was, Gott willst du aufsuchen?!‘ — ‚Gott, ja bei Gott, er soll mich be-
schenken, damit ich glücklich und reich werde wie
ein Seecapitain.‘ Erwiederte der Hausvorstand: ‚Leg
auch für mich bei Gott ein Wörtchen ein.‘

Von hier kam er in das Haus eines reichen
Mannes. Er wusste aber nicht, dass dieses Haus
einem reichen Seecapitain gehöre, den Gott im Handel Reichthümer hatte gewinnen lassen. Fragte ihn
der Capitain; ‚Wohin des Weges, Wandersmann?‘
— ‚Hab’ mich auf den Weg gemacht und will Gott
aufsuchen; denn Jochseil und Steuern haben schon
meine ganze Kraft aufgerieben, immer an dem Gold-
faden ziehend‘ [118]). Sprach lächelnd der Capitain zu
ihm: ‚Ich wieder besitze noch zu viel Schätze. Na,
solltest du Gott auffinden, sag ihm, ich lasse ihn
bitten, er soll mir keine solchen Schätze mehr geben.‘
Als der Schiffzieher Gott aufgefunden, führte ihn
Gott in’s Paradies und sagte zu ihm: ‚Siehst du
diese Kerzen auf meinem Ehrentische. Die einen,
die helleres Licht geben und besser glänzen, das

---

[118]) Er meint, durch diese Plagen habe er sich Gold
(= Geld) erwerben wollen, um bequem leben zu können.
Vukući zlatnu žicu ist eigentlich hier ironisch gesagt.
Wirft ein Geschäft sehr viel ab, sagt der Deutsche ‚man
schaufle Gold‘, der Serbe: ‚man spinne (= ziehe Fäden)
Gold‘.

sind bei Gott diejenigen, die an einem glücklichen Tag geboren worden sind, die anderen (Kerzen) aber mit schwachem Schimmer, die so winterlich düster und traurig brennen und ihr Unglück beweinen, das sind diejenigen, so an einem unglücklichen Tag zur Welt gekommen sind.' Nun fragte der Schiffzieher Gott: ‚Welches ist meine Sreća und welches die jenes Mannes, bei dem ich das erstemal übernachtet, und der mich ersucht hat, ich soll bei dir auch für ihn ein gutes Wort einlegen?' Antwortete ihm darauf Gott: ‚Schau dort liegt sie hinter dem Baumstrunk.'

Also verabschiedete sich der Schiffzieher von Gott, und hat sein Glück nicht gefunden. Auf der Heimkehr besuchte er wieder den Capitain und sagte zu ihm: ‚Ich hab' Gott gebeten, er soll dich nicht noch reicher werden lassen, doch Gott antwortete mir, er werde dir noch viel mehr geben.' Den Capitain erfreute diese Nachricht gar sehr, und fröhlich füllte er die (grosse) hölzerne Feldflasche mit Wein und erhob sie, um auf das Wohl aller seiner Gäste zu trinken. Im selben Augenblicke verwandelte sich in seiner Hand die Holzflasche in einen Becher aus lauterem Golde. Von hier begab sich der Schiffzieher zu jenem Hausvorstande, bei dem er zum erstenmal übernachtet. Fragte ihn der Hausvorstand: ‚Hast du Gott auch für mich gebeten?' Antwortete der Schiffzieher: ‚Freilich hab' ich's. Gott hat gesagt, dass er dir auch diesen Lodenrock von der Schulter nehmen wird, denn meine und deine Sreća liegt hinter dem Baumstrunk.' Entgegnete der Hausvorstand dem Schiffzieher: ‚Hat schon Gott die Ab-

sicht, mir diesen Rock vom Leib zu reissen, na, e r
soll auch keinen Nutzen davon haben.' Nun warf
er den Rock in's Feuer, der Rock verbrannte, und
so hat ihm Gott auch diesen Rock genommen.
Gegen Gottes Willen lässt sich nichts machen."

Der räthselhafte Alte, welcher nach diesen Sagen
irgendwo in der Welt nach ewigen Normen immer
in gleicher Reihenfolge Glück und Schicksal den
Menschen zuertheilt, ist, wie ich glaube, nicht sla-
visch. Der Russe AFANASIEV war der gegentheiligen
Ansicht [119]). Er kannte die Variante bei Karadžić
vom Usud und verglich diese Sage frischweg mit
dem čechischen Märchen ,von den drei goldenen
Haaren des Väterchens Alleswisser oder Allesseher'[120]).
Nach meinem Dafürhalten hat unsere Sage mit jenem
Märchen nur das Eine gemein, dass beide Stücke
aus dem Volke stammen. Diese Sage hat mit dem
Märchen inhaltlich keinerlei innere Verwandtschaft.
POTEBNJA begnügte sich mit der Wiederholung der
AFANASIEV'schen Meinungen, hat sich aber als kluger
Gelehrter für sie nicht entscheiden mögen.

Ich begehe wohl keinen Fehler, wenn ich den
,Usud', den ,Greis' und den ,Gott' der mitgetheilten
drei Sagen mit dem semitischen Měnî, der „Gottheit des Schicksals und Unheils" und mit dem
eranischen Zrvan dareghô-qadbâta der „Zeit
mit langer Herrschaft", dem Schicksalsgotte vergleiche,

---

[119]) In der Schrift: O rodje i rožanicje. S. 138 f. cit. bei
POTEBNJA a. a. O. S. 192 ff.

[120]) Bei ERBEN in der Čitanka, Nr. 1. tři zlaté vlasy děda
Vševěda.

der auch auf semitischen Ursprung zurückzuführen
sein dürfte. Die bedeutendsten Gelehrten sind über
das Wesen dieses Schicksalsgottes noch nicht ganz
im Klaren. SCHRADER sagt[331]), „ausser der Name,
ist uns sonst nichts über die Natur dieser Gottheit
bekannt. Die Vermuthung, dass siderisch wie Gad
den Jupiter (bei den Arabern: ‚das grosse Glück‘),
so Měnî die Venus (bei den Arabern: ‚das kleine
Glück‘) bezeichne, hat viel Ansprechendes, lässt sich
aber bis jetzt nicht näher erhärten. Angemerkt zu
werden verdient, dass auch die harranischen[332])
Ssabier eine Gottheit des Glücks, den Rabb al
baht „Herrn des Glücks" verehrten". NÖLDEKE
vergleicht[333]) mit Měnî die arabische Schicksals-
göttin Manât oder Manâk. In die Stelle bei Je-
saias (65, 11), wo des Měnî gedacht wird, scheint
er mir aber doch zu viel hineinzulegen. SPIEGEL
meint[334]), der alte (babylonische) Bel, der sich auch
bei anderen semitischen Völkern wiederfindet, habe
den Beinamen des Alten deswegen, weil er seit
langer Zeit besteht. Mit Recht habe MOVERS auch
bereits auf den Alten der Tage aufmerksam gemacht,
den wir bei Daniel (7, 9) erwähnt finden und von
dem es heisst, dass er auf einem Throne sitze, sein
Kleid sei weiss wie Schnee, sein Haupthaar wie reine

---

[331]) Im Handwörterbuch des biblischen Alterthums.
Leipzig 1879, S. 980a.

[332]) D. i. heidnischen = nichtjüdischen.

[333]) In der Zeitschrift für Völkerpsychologie III. S. 130 ff.:
‚Die Vorstellungen der Araber vom Schicksal‘.

[334]) Eranische Alterthmskunde, B. II. 1873, S. 9, 7, 11.

Wolle, sein Thron Feuerflammen u. s. w. „Nun wissen
wir, dass Zrvan gleichfalls das Alter oder der Alte
heisst, (ferner) dass man Zrvan mit Schicksal (bakht)
oder Glanz (p'ark') übertragen soll." „Welche Stellung
die unendliche Zeit dem Menschen gegenüber haben
kann und hat, kann nicht zweifelhaft sein. Es ist
die des unerbittlichen Schicksals, welches seinen
gleichmässigen Gang geht, unbekümmert um die Ereignisse, welche eben stattfinden." „Die Vorstellungen
von Zrvan daregho-qadhâta sind vorzugsweise auf
semitische Vorbilder zurückzuführen."

Fast ebenso fremd wie der Zug vom räthselhaften
Alten ist den Südslaven ursprünglich der Glaube an
ein Lebenslicht. Das will ich im Folgenden besonders erläutern.

Der Glücksstern.

So wie das ‚Brandscheit des Lebens‘ und das
‚Lebenslicht‘ oder die ‚Lebenskerze‘ nur verschiedene
Bezeichnungen desselben Dinges sind, so halte ich
beide wieder nur für eine variirte Form des Lebens-
oder Glückssternes. Der Glaube an einen Lebens-
stern des Menschen ist den Südslaven sehr geläufig.
Jeder Mensch hat auf dem nächtlichen, sternbesäeten
Himmel seinen eigenen Stern. Der Mensch soll den
Sternenhimmel nicht beobachten, so warnten mich
als Knaben oft meine bäuerlichen Spielgefährten;
denn er könnte leicht seinen Stern gewahren, dann
müsste er, der Ausgucker, sterben. Auch das pflegten
sie zu sagen : fällt ein Stern (eine Schuppe), so stirbt
immer ein Mensch. Auch hörte ich sagen, wenn ein

Stern fällt, entrinne jedesmal eine Seele dem Fege-
feuer; darum soll man beim Schnuppenfall nicht aus-
spucken. Mein gelehrter Freund, Herr VID VULETIĆ
VUKASOVIĆ, theilte mir brieflich als weitere Bestä-
tigung des allgemeinen Volksglaubens Folgendes mit:
‚Wer unter einem bösen Sterne geboren wurde, den
geleitet zeitlebens das Unglück, und er kann ihm
nicht entgehen. Das Volk betet, ihr Kind soll unter
einem guten Sterne zur Welt kommen' [285]). Auch
die Russen glauben an eine ščastlivaja zvjezda
(Glücksstern).

Die Sternverehrung und zum Theil auch die Sterndeutung scheint bei den Südslaven ehedem stark
verbreitet gewesen zu sein, wofern es zulässig ist, auf
Grund einer bulgarischen Predigt aus dem 18. Jahrhundert, in welcher gegen den Sternglauben geeifert
wird, einen Schluss auf die Allgemeinheit des Volkes
zu ziehen. Der Prediger erklärt unter Anderem: oni
naricajutse idolopoklónicy, koito-gledatĭ na zvezdi [286])
(Jene werden Idolatren genannt, die den Lauf der Sterne
beobachten). Wahrscheinlich diente dem Mönche ein
griechischer Text zur Vorlage. Bei den Südslaven
muss wohl schon zur Zeit als sie noch in ihrer
nördlichen Heimat hausten, ein Sterncultus bestan-

---

[285]) Ko se rodio po zlu zvijezdu njega ti nesreća prati
te joj ne može ubjegnuti. Narod moli, da jim se dijete rodi
po dobru zvijezdu. Von einem in den meisten Dingen glücklichen Menschen sagt man (sprichwörtlich): pod srećnu se
zvijezdu rodio (Er ist unter einem Glücksstern geboren
worden). Vrgl. GJ. DANIČIĆ, Poslovice, Agram 1871, S. 96.

[286]) Bei KAČANOVSKI a. a. O. S. 24.

den haben. Der Südslave kannte seit jeher den Morgenstern, den Hundsstern, den grossen und kleinen Bären und die Plejaden. Viele Sagen erzählen von der Heirat der Sonne (männlich) mit dem Morgenstern (weiblich), doch die eigentliche S t e r n - d e u t u n g ist verhältnissmässig jungen Ursprungs. Die Sterndeutung ist auch den übrigen Slaven nicht fremd; in einem oberserbischen Volksliede aus der L a u s i t z sagt ein Mädchen, sie habe es aus den Sternen ersehen, dass ihr kein langes Leben beschieden sei:

> ja sym na 'wězdach widžila
> zo dolho živa nebudu [227]).

Den Sternglauben hatten sowohl die Römer [228]) als die Griechen. A r i s t o p h a n e s sagt ,im Frieden' (V. 832):

> οὐκ ἦν ἄρ' οὐδ' ἃ λέγουσι κατὰ τὸν ἀέρα
> ὡς ἀστέρες γιγνόμεθ', ὅταν τις ἀποθάνῃ.

Mit Letzterem stimmt die Anschauung der Iranier wohl überein: „All die unzählbaren Sterne, die sich zeigen, werden Geister von Menschen genannt" [229]). SPIEGEL nimmt den Sternglauben schon für die ältesten Zeiten der arischen Völker in Anspruch. „Es ist nicht schwer, für den F r a v a s h i - Cultus Anknüpfungspunkte zu finden, welche bis in die arische und selbst bis in die indogermanische Zeit zurück-

---

[227]) Bei SCHMALER: Pěsnički hornych a delnych Łužiskich Serbow, wudate wot Leopólda Haupta a Jana Ernsta Smolerja. Grimma 1841.

[228]) Vrgl. VERGIL, Georgica 1, 32 f.; 4, 225 f.

[229]) Mainjo-i-Khard, 49, 22, herausg. von WEST.

gehen .... Auch darauf hat man mit Recht schon
aufmerksam gemacht, dass, ähnlich wie die Fravashis als Sterne gedacht werden, auch die seligen
Menschen nach dem Glauben der alten Inder in
Sternengestalt glänzen (cf. Justi, Wörterb. s. v. Fra-
vashi). Zu übersehen ist aber auch nicht, dass
dieser Gestirncultus mit der Verehrung des Himmels-
heeres grosse Aehnlichkeit hat (צבא השמים), von
welcher uns im Alten Testamente berichtet wird." [240])
Ueber den Sternglauben der Inder gibt Kaegi Aufschluss: „Die ‚Väter‘ — das sind die Seelen der Verstorbenen, die Manen — bringen die Morgenröthe an
den Himmel und hüten mit tausend Mitteln und
Wegen die Sonne; sie schmücken wie ein dunkles
Ross mit Perlen, den Himmel mit Gestirnen aus und
legen in die Nacht das Dunkel, in den Tag den
Lichtglanz" [241]). In Çatapatha-Brâhmana 6, 5, 4, 8
heisst es: „Welche Menschen tugendhaft zum Himmel gehen, deren Glanz sind diese Sterne". Ebd. 1,
9, 3, 10: „Die Frommen sind der glühenden Sonne
Strahlen" [242]).

Zehn Tage nach der Geburt eines Kindes findet
das Aufstehen der Wöchnerin statt. Die Eltern sowohl wie das Kind müssen am Haupt gewaschen
und in frische Gewänder gekleidet sein. Dann wird
ein Pfannkuchen bereitet und geopfert; und zwar

---

[240]) Bei Fr. Spiegel, Erânische Alterthumskunde II. Leipzig 1873. S. 98.

[241]) Adolf Kaegi: Der Rigveda, die älteste Literatur der
Inder, 2. Aufl., Leipzig 1881, S. 98.

[242]) Ebd. S. 216.

opfert man zuerst dem Geburtsdatum (janmatithi,
d. h. lunarer Tag der Geburt), dann drei Gestirnen
(bhâni) sammt ihren Gottheiten; in der Mitte soll
er dem Gestirn opfern, unter welchem das Kind geboren ist, zuerst aber opfere er der Gottheit des Ge-
stirnes, dann dem Gestirn selbst [143]). Ebenso opfert er
Monat für Monat dem Geburtsdatum bis nach Ablauf
eines Jahres. Nachher opfert er im häuslichen Feuer[144]).

Nach Gobhilagrihyasûtra (II, 8, 8, 12) wird am
zehnten Tage (oder am hundertsten) oder auch das
erste Jahr nach der Geburt dem Kinde der Name
gegeben. Dabei wird geopfert: dem Prajâpati (Herr
der Geschöpfe), dem Geburtsdatum, dem Geburtsgestirn und deren Gottheit. Ebd. (II, 8, 19 fg.) heisst
es noch: An jedem Monats- oder am Jahresgeburts-
tage des Knaben, oder an den Neu- und Vollmonds-
tagen des Jahres soll man opfern: dem Agni und
Indra, dem Himmel und der Erde, sowie allen Göttern; dann opfere er dem Geburtstag (tithi) und dem
Geburtsgestirn (nakshatra), nachdem er zuvor deren
Gottheiten geopfert.

Am nächsten zum indischen, sagt Kaegi [145]), tritt
der nordisch-deutsche Glaube, nach welchem
„die Sterne Wirkungen der Elbe (d. h. der abgeschie-

---

[143]) Jedes Gestirn hat seine Gottheit. Die zu den einzelnen Gestirnen (Nakshatras) gehörigen Gottheiten werden
Çañkh. grihy. I, 26 aufgezählt. Das Capitel ist aber wahrscheinlich interpolirt, meint Herr Dr. Winternitz, dem ich
diese Angaben verdanke.

[144]) Nach Çâñkhâyanagrihyasûtra I, 25.

[145]) A. a. O. S. 217, Note 286 a).

denen Seelen)" sind. „Sterne sind Seelen: Wenn ein
Kind stirbt, macht der Herrgott einen neuen Stern;
die Seele der Guten gelangt nach Gimill, wo sie mit
den Lichtalfen, d. i. den Geistern der Gerechten,
vereint den Himmelsgestirnen Licht ertheilt." „Von
den Seelen geht der Glanz der Sonnenstrahlen und
der Glanz aller Gestirne aus" [246]).

Identisch mit dem serbischen Volksglauben ist jener
der Siebenbürger Sachsen: ‚Jeder Mensch hat seinen
Stern am Himmel; wenn er herunterfällt (Sternschnuppen), so stirbt der Mensch, sein Licht erlöscht' [247]).

Ob die Slaven und Germanen den Sternglauben
schon aus ihrer arischen Urheimat nach Europa mitgebracht oder denselben erst durch Vermittlung der
Semiten und der classischen griechischen und römischen Literatur kennen gelernt haben, dürfte gegenwärtig kaum mehr zu entscheiden sein.

In neueren Zeitläuften ist der Sternglaube zu den
Südslaven hauptsächlich auf zwei Wegen gedrungen,
und zwar fast gleichzeitig. Einmal durch die Türken,
dann schon früher durch die mittelalterliche Cultur
des Westens, zur Zeit als die morgenländische Astrologie als eine besondere „Wissenschaft" auf den
Fürstenhöfen gehegt und gepflegt wurde. Die Urheimat der Astrologie ist im Chaldäa des Alterthums
zu suchen. Sie bildete „die Hauptbeschäftigung der
chaldäischen ‚Weisen‘," d. h. der dortigen Priester-

---

[246]) Vrgl. MANNHARDT, German. Mythen, S. 378, 310, 3;
439, 474. — Einiges Verwandte bei H. OSTHOFF: Quaest.
Mytholog. Diss. Philolog., Bonn 1869, S. 22 ff.

[247]) Bei HALTRICH, Siebenbürger Sachsen, S. 300.

schaft, doch hat dieselbe ihre allgemeinere, vom
Gestirncult unabhängige Grundlage. Diese besteht
in der Wahrnehmung des Einflusses, welchen die
Himmelskörper und deren regelmässige Bewegungen
auf den Wechsel der Jahreszeiten, auf die Witterung,
überhaupt das Naturleben der Erdenwelt theils wirklich ausüben, theils durch das zeitliche Zusammentreffen der siderischen und der tellurischen und at-
mosphärischen Erscheinungen auszuüben scheinen,
ein Einfluss, um dessen Willen auch in der Bibel
von einer Herrschaft des Himmels über die Erdenwelt die Rede ist (vrgl. bes. Hiob 38, 33 im Hebr.).
In dem Glauben an die Alles vorausbestimmende
Macht der Gottheit und in dem Verlangen nach Auf-
schlüssen über die Zukunft wurde aber dieser Einfluss auch als ein im Menschenleben ebenso wie in
der Natur wirksamer, die Schicksale der Völker wie
der Einzelnen bestimmender aufgefasst; nur sind es
hier neben den ungewöhnlicheren Erscheinungen, wie
Sonnen- und Mondesfinsternisse, Kometenerschei-
nungen u. drgl., die mehr zufälligen Verschiedenheiten des Aussehens der Himmelskörper in Gestalt,
Farbe und Glanz, besonders bei ihrem Auf- und
Untergange, und die mannigfaltigen Constellationen,
an welchen jener Einfluss gedacht wurde, und denen
darum als Vorzeichen, durch welche die Gottheit
Künftiges anzeige, ihre bestimmte Bedeutung bei-
gelegt wurde. Für die Constellationen waren natürlich die Planeten, diese „Dolmetscher" des Willens
der Götter (Diodor II, 30), ihre Stellung zu einander
und zu den Bildern des Thierkreises am wichtigsten.

8*

Durch tabellarische Aufzeichnungen der gemachten
Beobachtungen und Erfahrungen, von denen der
dritte Band des grossen englischen Keil-Inschriften-
werkes viele urkundliche Zeugnisse darbietet, erwuchs bei den Chaldäern ein grosses System astro-
logischer Wissenschaft und die Sterndeutekunst be-
herrschte dort mehr als bei irgend einem anderen
Volke das ganze öffentliche und private Leben [248]).

Die Juden verwarfen, auf einer höheren Stufe des
reinen Theismus angelangt, den Gestirncult und die
Astrologie. Sie benannten die Heiden עָכֹּוּם, d. h.

עוֹבְדֵי כּוֹכָבִי וּמַזָּלוֹת, nämlich „Diener der Sterne
und Sternbilder" [249]), doch im niederen Volke scheint
der Glaube immer fortgelebt zu haben. So hielt man

---

[248]) RIEHM E. C., Dr., Handwörterbuch des biblischen
Alterthums, 1882, S. 1552. Bezüglich der von den Egyptern
geübten Kunst des Nativitätsstellens vrgl. Herodot II, 82.
Ich selber komme darauf später zu sprechen.

[249]) Dr. JOSEF KOPP sagt in seinem köstlichen Buche:
Zur Judenfrage, nach den Acten des Processes Rohling-Bloch,
2. Aufl., Leipzig 1886, S. 55:
„Ein in jüdischen Schriften häufig vorkommendes Wort
ist akum, welches Götzendiener bedeutet. Die Entstehung
dieses Wortes ist ein Curiosum. Die jüdischen Schriftsteller
liebten es in früherer Zeit, Worte dadurch zu bilden, dass
sie die Anfangsbuchstaben mehrerer Worte zusammenfügten.
Götzendiener wurden nun genannt: abodath kochabim
u mazzaloth, d. h. Anbeter der Sterne und Thierkreis-
zeichen; aus den Anfangsbuchstaben bildeten sie nun das
Wort akum."
Doch heisst das hebräische abodath nicht ‚Anbeter‘,
sondern ‚Dienst‘, ‚Cultus‘.

z. B. Gâd (Jupiter) für den besonderen Glücksstern [350]),
und Diejenigen hält der orthodoxe Jude noch heu-
tigentags für Glückskinder, die unter diesem Sterne
geboren werden. Der Talmud hat den Volksglauben
wieder zu Ehren gebracht. Raschi (Rabbi Salomo
Jizchaki) von Troyes in Frankreich (in der Hälfte
des 11. Jahrhunderts) erklärt beispielsweise die Bibel-
stelle (Pharao's Worte an Moses): r' uu ki roo ne-
ged penechem (sehet, das Unglück steht euch entgegen) mit den Worten: ‚der böse Stern heisst roo‘.
Für Glück sagt der Hebräer mazzol, d. i. Gestirn.
So versteht man auch den Fluch der polnischen Juden
der Gegenwart, wenn sie Jemandes Betheuerungen
keinen Glauben beimessen: ‚esoi soll d'r dai' mazol
lajcht'n‘. Derart pflegt sich auch der Araber bei
gegebener Gelegenheit auszudrücken.

Die Araber haben sehr berühmte Astrologen auf-
zuweisen, z. B. Albumas ar Albohazen (um
1250), Alcabitius (astronomiae judiciariae prin-
cipia) u. A In ihre Fussstapfen traten Marsilius
Ficinus (Marsiglio Ficino) (1433—1499), Professor
der classischen Sprachen zu Florenz (De triplici vita,
Lugduni Batavorum 1566, III, benützte stark den
Firmicus Maternus), Campanella (Astrologi-
corum lib. VII. de siderali fato vitando), Prenner
(Das Gross Planeten Buch. Strassburg 1608) u. A. [351]).

---

[350]) Vrgl. Dr. Goldzieher Ignaz: Der Mythos bei den
Hebräern und seine geschichtliche Entwicklung. Leipzig
1876, S. 202.
[351]) Ausführliche Darstellung des mittelalterlichen Stern-
glaubens in dem ausgezeichneten Werke Carl Meyer's: Der

Ist einerseits diese Kenntniss durch die abendländische Literatur in zahlreichen Uebersetzungen den Südslaven bekannt geworden, so haben die Mahomedaner das Ihrige dazu beigetragen, dass der Sternglaube auf der Balkanhalbinsel populär geworden.

Durch diese Bemerkungen glaube ich dargethan zu haben, dass in den zwei serbischen Sagen der Zug vom Lebenslichte höchst wahrscheinlich nicht slavisch ist. So muss auch der Usud der zuerst mitgetheilten, der ‚Greis‘ der zweiten und der schicksalsbestimmende ‚Gott‘ der dritten Fassung auf Entlehnung beruhen.

Geburts- und Schicksalsfräulein.

Ursprünglich unterschied der Volksglaube wohl genau zwischen Geburtsfräulein, den Beschützerinnen der schmerzensfreien Geburtswehen und der glücklichen Niederkunft, und den Schicksalsfräulein, den eigentlichen Schicksalsbestimmerinnen. Nachdem die Slaven das Christenthum angenommen, verflüchtigte sich die eigentliche Bedeutung der Geburtsdämonen und sie gingen auf in den Schicksalsgöttinnen. Erhalten sind blos der Name und der Opferbrauch geblieben. Roždanica ist der altslavische Name für die Patronin der schwangeren Frauen. Die Bulgaren und Serben haben ihn in diesem Sinne schon vergessen. Bei den Bulgaren im Rhodope-Gebirge nennt

---

Aberglaube des Mittelalters und der nächstfolgenden Jahrhunderte, Basel 1884. S. 1—32. Vrgl. desgl. GUSTAV ROSSKOFF: Geschichte des Teufels, Leipzig 1869, II. B., S. 105 ff.

man die Wöchnerin Roždenica(ta) [162]). Bei den
Slovenen und Horvaten heissen aber die Schicksalsfrauen auch rodjenice oder rojenice. Nach einem
Zeugniss aus dem 15. Jahrhundert scheint es, haben
die Roždanicen bei den Russen eine Verehrung als
numina gentilicia genossen, denen man Lectister-
nien darbrachte. Man opferte zu gleicher Zeit dem
Bogŭ, Perunĭ, dem rodŭ und den Roždanicen
auf dem Tische Brod, Käse und Honig [163]). Roždanica übersetzt MIKLOSICH mit 'Eimarménē [164]). Der
horvatische Landmann pflegt noch gegenwärtig in
der Geburtsnacht seines Kindes auf den Tisch im
Zimmer, wo die kreissende Frau oder Wöchnerin
liegt, Wachskerzen, Brod und Salz für die Rojenicen
hinzusetzen. Bei den Bulgaren in Altserbien erscheinen die Opfer den eigentlichen Schicksalsfrauen zugedacht. Was die Gaben ehedem bedeutet haben, ist
dem Volke abhanden gekommen. Man bringt die
Opfer dar, von jeder Gabe in Dreizahl, ursprünglich
mit Hinblick auf die Dreizahl der Schicksalsfräulein,
meint aber, dass man dadurch die Hexen vom Kinde
banne. Man legt zu dem Kinde in die Wiege in einen
Lappen gewickelt drei Weizenkörner, drei Salzkörner,

---

[162]) „Roždenicata tŭj sja nariča vŭ Rodopitje ljehusata."
In: Životŭtŭ na Bŭlgaritje vŭ srjednja Rodopa. Napisal
S. N. Š., Plovdivŭ 1886, S. 66.

[163]) Vrgl. MIKLOSICH im Lexicon palaeoslov., Wien 1886,
S. 802 u. 803. Die citirten Stellen sind leider nur für die Gram-
matiker berechnet und so knapp gehalten, dass der Ethnograph aus ihnen nur einen geringen Vortheil schöpfen kann.

[164]) Vrgl. MIKLOSICH im Etymolog. Wtb., Wien 1886, S. 280.

einige Geldstücke und einen Bissen Brod, überdies noch einige Pflanzen, denen man Zauberkraft zuschreibt [255]). Bei den Deutschen wird für die Schicksalsrichterinnen blos Brod und Salz Nachts auf den Tisch gelegt [256]).

Bei den Bulgaren hat sich für Schicksalsfrau aus dem Griechischen der Name urisnica (Nebenformen: orisnica, uresica) eingebürgert. Griechisch órizein, Aorist órisa heisst: begrenzen, bestimmen [257]).

Das Wort scheint schon frühzeitig Eingang und Verbreitung bei den Bulgaren gefunden zu haben. In einer alten bulgarischen Schrift sagt Jemand von sich: jakože urješneno mi bystĭ [258]) (d. h. so wie es mir bestimmt war), wo der Serbe und der Horvate wohl sugjeno setzen würden. Čolakov führt als sprichwörtliche Redewendung an: taj mu bilo urisano otĭ urisnici-tje (Das war ihm von den Urisnicen vorher bestimmt) [259]). Dazu bemerkt unser

---

[255]) Bei Jastrenov a. a. O. S. 456 u. 460.

[256]) Vrgl. L. Freytag: ‚Die Göttin Bercht-Holda und ihr Gefolge. Beiträge zur Erklärung ihres Cultus und der darauf beruhenden Anschauungen‘, in der Zeitschrift des deutschen und österreichischen Alpenvereines, Berlin 1881, S. 355. Eine trefflich orientirende Studie.

[257]) Vrgl. Georg Rosen: Bulgarische Volksdichtungen, Leipzig 1879, S. 36, und Miklosich im Etymol. Wtb. S. 225 b. Daničić (im Wörterb. der serb. alten Urkunden, II. B, S. 377, unter urešti) übersetzt urisnici mit confirmatrices, definientes oder constituentes, altgriech. órizontes.

[258]) Vrgl. bei Miklosich im Lex. palaeoslov. S. 1063.

[259]) Im Blgarski narodenŭ sbornikŭ. B. I. Belgrad 1872, S. 233. Nr. 2950.

Gewährsmann: ‚die „Urisnici" oder „Orisnici", deren
öfters in den Gebräuchen gedacht wird, sind drei
Jungfrauen, welche dem neugeborenen Kinde sein
Geschick bestimmen. Die erste gibt ihm Verstand
und lehrt ihn lesen, die zweite gibt ihm Gesundheit
und Schönheit, die dritte geht ihm an die Hand
durch's ganze übrige Leben, lehrt ihn ein Gewerbe
und bietet ihm Gelegenheit, damit er sich bereichere.
Einer anderen Ueberlieferung zufolge ertheilt die
erste dem Knaben Verstand, die zweite lehrt ihn
reden, die dritte schenkt ihm Glück. Es gibt auch
böse ‚Urisnici', deren sind gleichfalls drei, die kämpfen aber mit den guten Urisnici.'

Nach diesen Angaben zu schliessen, würde der
Bulgare den Urisnicen auch die Rolle von Schutzgeistern als Mentoren zusprechen. Etwas Aehnliches
erzählt ein slovenisch-horvatisches Märchen von den
Vilen [360]). Die Verquickung verschiedener Functionen
lässt sich wohl bei jeder mythischen Gestalt verfolgen, auch die Gegenüberstellung von guten und
bösen Urisnicen als freundlichen und feindlichen
Schutzgeistern ist ja leicht denkbar, doch finde ich
in der bulgarischen Literatur, soweit sie mir zugäng-
lich ist, keine weiteren Belege für die Richtigkeit
der Čolakov'schen Anführungen. Rakovski sagt z. B.:
‚sie glauben ferner noch an Orisnicen, die bei der
Geburt eines Kindes erscheinen und selber unsichtbar
dem Kinde sein Schicksal und seine Zukunft ansagen

---

[360]) Vrgl. bei Krauss in Sagen und Märchen der Südslaven. I. S. 98 ff, Nr. 28. Lastari.

und angeben' [261]). S. N. Ṡ. bemerkt kurz: ‚während
der ersten drei Abende kommen noch die Urisnicen
und bestimmen dem Kinde, wie es beschaffen sein
und was ihm im Laufe des Lebens widerfahren soll [262]).
Für eine böse Urisnica, und zwar nur für e i n e,
fand ich zwei Belege in den nunmehr eingegangenen
Philippopler Zeitschriften N a r o d und P l o v d i v [263]).
Vielleicht haben die Schreiber ihr Wissen über die
Orisnica aus dem weitverbreiteten Buche ČOLAKOV's
geschöpft. Als Gewährsmänner über den Volksglauben
können sie füglich nicht ernstlich angesehen werden.

Mit dem slavischen Namen heissen die Schicksalsfräulein bei den Bulgaren N a r ą č n i c i und Sud-

[261]) Im Pokazalecŭ ili rąkovodstvo. I. Odessa 1859, S. 3:
„— vjerovątŭ ušŭ či i Orisnicy, štomŭ sją raždalo djete, do-
hoždali i nevidimi izgovarali i naznačali negovą sądbą i
bądužtnostĭ“.

[262]) Im Životŭtŭ na Bŭlgaritje u. s. w. S. 66f: „prjezŭ
pĭrvitje tri večeri užĭ dohoždatĭ úrisnicitje ta urisvatŭ djeteto,
kakvo šte bądе i kakvo šte da mu sją sluči prjezŭ životŭtŭ“.
Vrgl. JASTREBOV a. a. O. S. 456.

[263]) Im N a r o d ŭ, I. Nr. 41, S. 161, bei der Besprechung
der Uebelstände in der Schulverwaltung: ‚es ist kein Jahr
verstrichen, und schon hat sich die Lage der Dinge geändert,
„otŭ goljemo galenie li ili otŭ njekakva z l a o r i s n i c a úči-
nicitje ni se porazvalihą“ (da entarteten die Schüler aus ge-
waltigem Uebermuth oder in Folge irgend einer Urisnica
(Bestimmung). Im P l o v d i v ŭ (vom 6. Mai 1886, S. 2) v
knjažestvo ima edinŭ lošŭ d e m o n ŭ, kogoto vidisja, če
o r i s n i c a e p r j e d o p r j e d j e l i l a da opropasti mladata
bulgarska dĭržava. (Im Fürstenthum existirt ein böser Dämon, den, wie es den Anschein hat, die O r i s n i c a vorher
bestimmt hat, den jungen bulgarischen Staat dem Untergange
zuzuführen.)

ženici, bei den Serben Usude, Sudnice, Sug-
jenice, bei den Horvaten Sudjenice, Sujenice
oder Rodjenice, bei den Slovenen Sojenice und
Rojenice. Gewöhnlich wird ihre Zahl auf drei [264]),
nur vereinzelt in horvatischen halbverblassten Sagen
auf vier, fünf, sieben oder gar neun angegeben, mit
einer „Königin" als Führerin an der Spitze. In der
Regel finden sie sich als weissgekleidete Mädchen
in mitternächtiger Stunde an der Wiege des Kindes
in dessen Geburtsnacht ein. Hat man für sie keine
Gaben vorbereitet, so werden sie bös gelaunt. Ihre
Sprüche sind ganz willkürlich. Eine eigentliche Be-
rathung, Begründung und Widerlegung kommt dabei
nicht vor. Die erste Sugjenica sagt frischweg ihre Meinung heraus, dann spricht die zweite, den Ausspruch
der ersten etwas mildernd oder verschärfend, was
aber die dritte Sugjenica sagt, dabei bleibt es. Das
ist so echt slavische Verhandlungsweise. Die Jüngeren
in der Gesellschaft mögen reden, was ihnen immer
beliebt, die Ansicht des Aeltesten gibt den Ausschlag.
Sie allein entscheidet. Die Jüngeren haben sich damit zufrieden zu geben, nach dem Rechtssprichworte:

u mlagjega pogovora nejma [265]).

(‚Der Jüngere darf mit nichten widersprechen‘)

---

[264]) Vrgl. Krauss. Sagen u. Märchen der Südsl. II. Nr. 88,
S. 179; Nr. 105, S 218 ff. Ueber den verwandten Volksglauben
der Griechen alter Zeit vrgl. L. Preller's griechische Mythologie. 3. Auflage. 1872, I. S. 434 ff. Bezüglich des deutschen
Volksglaubens vrgl. J. Grimm, D. Mythologie. S. 376—388.

[265]) Vrgl. bei Krauss in Sitte und Brauch der Südslaven.
S. 84 f., S. 490.

Die Sugjenicen bestimmen:

1. die Zahl der Lebensjahre. Den frühen Tod, besonders einen jäh unerwarteten, z. B. wenn jemand im Wasser ertrinkt, wenn einer von Wölfen gefressen wird, wenn sich einer erhenkt oder ersticht, wenn einer erstickt oder wenn ein Reisender ans dem Hinterhalte ermordet wird, einen solchen Tod setzt man auf Rechnung des Spruchs der Sugjenicen.

2. bestimmen sie den Beruf des Menschen und ob er reich oder arm werden und welche besondere Glücks- und Unglücksfälle ihm im Leben zustossen sollen.

3. setzen sie fest, wen und wann der Mensch heirathen wird. Der Deutsche sagt: ‚Ehen werden im Himmel geschlossen‘, der Südslave aber meint: ‚Ehen werden von den Sugjenicen bestimmt‘. In einem serbischen Volksliedchen aus der Hercegovina sagt eine junge Frau zu ihren neuen Hausleuten im Streit:

n'jesam ovgje sama došla
već po putu i sugjenju [366]).

('ich bin nicht allein hierher gekommen, sondern auf dem Wege [367]) und nach Schicksalsausspruch').

Der Bräutigam oder der Gatte wird sugjenik, die Braut oder die Frau sugjenica genannt. In einem serbischen Volksliedchen spricht ein Mädchen:

---

[366]) Bei Vrčević in Srpske nar. p. iz Herceg. S. 300.

[367]) Sie meint, dass eine ordentliche Brautfahrt stattgefunden. Sie ist auf der freien Fahrstrasse hin ins Haus gezogen gekommen.

zlatu će se kujundžija naći
a meni će moj sugjenik doći [266]).

(„Das Gold [zu schmieden] wird sich ein Goldschmied finden,
und mir wird mein „Beschiedener" kommen.)

Das Mädchen pocht darauf, dass sie kein un-
gebetener Eindringling im Hause sei, doch auch der
Eindringling, die Samodošla [269]) gilt als eine von
den Sugjenicen „bestimmte". Eine Bulgarin tröstet
ihren Sohn, der sich gerne beweiben möchte:

koja ti e sudženica
sama će ti u dvorū dojde [270])

(„die deine „Beschiedene" ist, die wird dir von selber (allein)
ins Gehöfte kommen').

Aehnlich spricht im Liede eine Šlovakin: ‚ak si
mi souděný, budeš mi i daný' (‚bist du mir beschieden, so wirst du mir auch gegeben werden').

In einem weissrussischen Liedchen berühmt sich
ein Sohn seiner Mutter gegenüber: vidjel ja, matuska,
svogju zuženuju' (‚Mütterchen, ich habe meine
„Beschiedene" gesehen!').

Bei den Bulgaren und Serben spricht der Mann
seine Frau geradenwegs mit sugjenica an, die Frau
den Mann mit sugjenik, z. B.

Janko dumatŭ na mlada nevjesta
— oj Marie, moja suždenice! [271]).

(Johannes spricht zur jungen Frau: ‚O Marie, meine [mir]
Beschiedene!')

---

[266]) Diese Zeile ist stereotyp im lyrischen Volksliede.

[269]) Ueber die Samodošla oder Uskočica vrgl. Krauss
in Sitte und Brauch. S. 245 und S. 270 f.

[270]) Bei Kačanovski im Sbornik zapadnobolgarskichŭ
pjesen. St. Petersburg 1882, S. 13.

[271]) Ebd. S. 132, Nr. 59, V. 8 f.

Mir sind über dreissig verschiedene Sagen über die Sugjenicen und Rogjenicen bekannt, darunter ist die Oedipussage in zwei Fassungen vertreten. Ob sie dem griechischen Sagenschatz entlehnt ist, oder selbstständig auf slavischem Boden gewachsen, könnte ich nicht ohne weiteres sagen. Die übrigen Sagen sind so ziemlich alle Varianten desselben Motivs. Die typische Form aller wird am besten durch eine bulgarische — meines Wissens die einzige versificirte — Fassung geboten [272]). Momir's junge Frau war hochschwanger in den Wald gegangen. Ihr Schwesterchen Theodora (Todora) war mit. Momir's Frau genas im Walde eines Knäbleins:

> eingeschlummert war des Momir Frauchen.
> Da erschienen wohl drei Narọčnicen.
> Theodora wacht, die Augen offen, [273])
> schaut und lauscht dem Spruch der Narọčnicen.
> — ‚Lasst das Kind uns nehmen!‘[274]) spricht die erste;
> — ‚Lasst es uns nicht nehmen!‘ spricht die zweite,
> erst nach sieben[275]) Jahren soll's geschehen,
> bis das Kind herangereift zum Knaben.

---

[272]) Bei den Miladinovci in den bulgarsk. n. p. Nr. 18, S. 17.

[273]) In den übrigen Sagen ist der Lauscher ein Bettler oder sonst ein Wanderer, der zufällig ins Haus gekommen und in der Hölle nachtend, unwillkürlich den Spruch erfährt.

[274]) ‚da go zemime‘. ‚Nehmen‘ heisst hier so viel wie ‚das Leben nehmen‘.

[275]) Die Zahl ‚sieben‘ ist im Volksglauben förmlich heilig. Omer, der Sohn des Mustapha Hrnjica von der kleinen Kladuša ist in den mahomedanischen Guslarenliedern stets ‚der Knabe von sieben Jahren‘ (Omer d'jete od sedam godina). Ich machte einmal einen Guslar darauf aufmerksam, wie

— ,Dieses Kind gedeihe!' spricht die dritte,
ist's einmal herangereift zum Jüngling,
soll man ihm ein schmuckes Bräutchen werben,
ihm erwerben. heim soll er sie führen;
doch wann sie zur Kirche schreiten werden,
in die Kirche, um sich trau'n zu lassen,
alsdann wollen wir den Kämpen nehmen!'
Prophezeiten's [270]) und entschwanden flüchtig.

Die von den Narǎčnicen zuerkannte Bestimmung
heisst rokŭ oder narokŭ (Der Stamm ist rek-,
altslav. reką, ich sage. rešti sagen), gleichbedeu-
tend mit Fatum, das ,Angesagte'. Man fasste
das Wort seit jeher auch in der Bedeutung von
destinatio und fortuna auf. Ein russisches
Sprichwort sagt: ,lovitĭ volkŭ rokovuju ovcu' (Der
Wolf jagt oder fängt nur das ihm [vom Schicksal]
bestimmte Schaf'). Narokŭ scheint man in vorchristlicher Zeit bei den Südslaven auch als Personification des Schicksalsspruches gekannt zu haben,
sowie der römische Volksglaube einen Fatus kannte.
Ich führe PETER's Worte an: ,Während in der von
gräzisirenden Religionsanschauungen durchdrungenen
Literatur der Römer als Schicksalsgottheiten neben
den Parcae das Fatum und die Fata erscheinen,
tritt in Denkmälern, die dem Volksglauben angehören,
ein Fatus und eine Fata, beziehungsweise Fati
und Fatae auf. In Grabinschriften namentlich, die

---

unsinnig es sei, zu glauben, der siebenjährige Junge habe
solche Heldenthaten vollbringen können. ,Ja', meinte der
Guslar, ,es muss doch so gewesen sein. Ich habe es so von
älteren Guslaren singen gehört'.

[270]) Narǎča'e. Wörtl. sie sagten, oder kündeten es an.

zweifellos von den niederen Volksclassen ausgegangen sind, ist wiederholt von einem Fatus, der dem Leben der Menschen, oft unerwartet früh, ein Ziel steckt, ihn gewaltsam tödtet und raubt, die Rede. Fatus erscheint als Gott der niederen Volksclassen. Er war also hernach ein göttliches Wesen, das dem Einzelnen zur Seite steht (Fatus meus, Fatus suus), sein Walten in Neigungen und Vorahnungen offenbart und schliesslich den Tod des Menschen herbeiführt [277]).

Für die altsüdslavische Auffassung von narokŭ sind nur wenige Belege vorhanden. In einer alt-serbischen Urkunde heisst es: pride milostiju božjomĭ i vašjemĭ dobrjemĭ narokonĭ zdravo [278]) (‚Er langte durch Gottes Gnade und unter eurem guten Glücke heil an‘). An einer anderen Stelle: čestitoga cara srjekomĭ i tvoje milosti narokomĭ [279]) (‚mit der Sreća des vieledlen Kaisers und mit dem Narok deiner Gnaden‘) wird man von selbst erinnert an die Fortuna principis oder Fortuna regum der Römer. Zweifellos ist hier die slavische Redewendung auf Nach-ahmung des römisch-byzantinischen Hofstils zurück-zuführen. Der Slave hat Sreća von Narok einst wohl genauer auseinander gehalten. In Sreća überwog die Vorstellung vom zufälligen, im Narok die vom

---

[277]) Bei Roscher im Ausführl. Lex. S. 1453.

[278]) Bei Medo Pucić in Spomenici srĭbski, prepisao knez —, Belgrad 1858, S. 164.

[279]) Vrgl. bei Miklosich in Monumenta serbica spectantia historiam Serbiae, Bosnae, Ragusii. Wien 1858, S. 554. — Vrgl. bei Horaz: duce et auspice Teucro.

prädestinirten Glück. So fasse ich auf die Worte: odĭ boga zahtevamo tvojej milosti dobru srjekju i narokĭ [180]) („Wir verlangen von Gott für deine Gnaden gute Sreća und Narok'). Fortuna, griech. Tychē, übersetzten die Mönche mit narokŭ, z. B. Aleksandra narokŭ velikĭ jestĭ [181]) (Alexanders Glück ist gross).

In dieser specifischen Bedeutung von ‚Glück' wird der Ausdruck noch gegenwärtig in der Crnagora gebraucht, und zwar erscheint Narok als mythisches Wesen gedacht, so lautet z. B. eine Schwurformel: tako me zli narok ne ćerao [182]). (So soll mich ein böser Narok nicht verfolgen!') Eine Wunschformel ist: ‚da ni ga je u narok imati!' (ach, hätten wir ihn in unserer Bestimmung!' d. h. ‚wäre er uns doch zu eigen beschieden'). In Bosnien, Slavonien und Horvatien unter den Serben wird narok ganz speciell vom Glück, von der glücklichen Bestimmung eines Mädchens, mit Bezug auf ihren guten Ruf gesagt [183]). Narok izgubila djevojka, heisst soviel wie sreću izgubila (‚das Mädchen hat ihr Glück verloren'). Der Kleinrusse sagt im gleichen Falle von einem Mädchen, sie habe ihr štastĭe verloren (zgubila) [184]). Unter narok hat man bei einem Mädchen ursprünglich wohl

---

[180]) Bei DANIČIĆ im altserb. Wörterb. III. S. 254. Die Stellen aus den Monumenta serbica.

[181]) Vrgl. bei MIKLOSICH im Lexicon palaeosl., S. 411, unter dem Schlagworte narokŭ.

[182]) Bei KARADŽIĆ im serb. Wörterb. S. 404b.

[183]) In ‚Sitte und Brauch', S. 191, habe ich narok mit ‚guter Ruf' übersetzt, um mir eine langmächtige Anmerkung zu ersparen.

[184]) Vrgl. bei HOLOWACKI a. a. O. S. 25, Nr. 8, V. 3.

den Lebensgefährten den naročnik oder zaročnik verstanden.

Rok hat auch die Bedeutung von Termin, ,Frist', ,Zeit'. Wohl in Folge des Bedürfnisses zu differenziren, ist durch Wandlung des o in den Laut u in der jüngeren serbischen Sprache ruka entstanden. Aber auch das altslavische ręka oder mit Lautsteigerung rąka fällt lautlich gegenwärtig mit ruka (Glück. Schicksal) zusammen. Irrthümlich setzt Karadžić ruka, welches von rok herrührt, unter ruka, die Hand [285]). Selbst ein so gewiegter Philologe wie Miklosich leitet unser ruka von renk ab [286]); freilich ohne irgendwie anzudeuten, wieso der Begriff ,Hand' die Bedeutung ,Glück' erlangen könnte.

Die Verneinung von ruka (Glück) ist neruka (Unglück, fortuna adversa). So heisst es z. B. im Guslarenliede:

> do podne je turska ruka bila
> a od podne obrnu neruka [287]).

(,bis Mittag war den Türken das Glück (günstig), doch vom Mittag ab wandelte es sich zum Unglück').

In einem noch ungedruckten mahomedanisch-slavischen Guslarenlied meiner Sammlung wird erzählt, wie Sil Osmanbeg zum Entsatz der Festung Essegg herbeigeeilt:

> kad udrio beže na topove
> pa posječe Vuka bjelobrka
> iza Vuka udari neruka

---

[285]) Im Wörterbuch S. 404 b.
[286]) Im Etymol. Wörterb. Wien 1886, S. 276 b.
[287]) Bei Karadžić a. a. O.

(‚der Beg machte einen Angriff auf die Kanonen und säbelte Wolf den Weissbart nieder; nach (dem Fall) Wolfs brach (über die Christen) das Unglück herein‘).

Was ruka eigentlich bedeutet, scheint das Volk selber nicht mehr zu wissen. Man darf ruka zuweilen auch mit ‚Erfolg‘ und ‚Sieg‘ übersetzen, in Fällen z. B. wie

biće nama ako bog da ruka.

(‚Wir werden, sofern es Gott gibt, Erfolg [Glück] haben‘.)

bog će dati biće naša ruka[386]).

(‚Gott wird es geben, unser wird der Sieg sein‘.)

Man sagt von Jemand, dem Alles gedeiht, was er unternimmt, ‚dobre je ruke‘, d. h. ‚er hat Glück‘. Der Deutsche kann dafür setzen: ‚der Mann hat eine glückliche Hand‘. Rok als Personification ist aber noch erkennbar in der wörtlich unübersetzbaren Redensart des Crnogarcen: zla me ruka ručila. Sinngemäss übersetze ich: ‚Ein böses Schicksal hat mich heimgesucht‘. Unrichtig erklärt KARADŽIĆ, vielleicht in Wiederholung einer volksthümlichen Deutung: „t. j.: čovjek zle ruke ukrao mi i od onda mi je pošlo u nazadak“ („d. h. ein Mensch von böser Hand hat mich bestohlen und seitdem geht es mit mir nach abwärts“). Rok finde ich auch in der Phrase: ‚pošlo mi za rukom‘ (‚es ist mir geglückt‘), d. h. ‚es ist mir ergangen zufolge (nach) der Bestimmung‘. Die Annahme einer Metapher von ruka (Hand) als ‚Glück‘ lässt sich durchaus nicht rechtfertigen. Die neuzeitigen serbischen und horvatischen Literaten bedienen sich häufig der Wendung: ‚ide mi

---

[386]) Ebendaselbst S. 656.

od ruke'; das ist aber eine wörtliche Uebersetzung der deutschen Ausdrucksweise: ‚es geht mir von der Hand'.

Der narok (Ausspruch) der Naračnicen oder Sugjenicen gilt als unabänderlich feststehend. Nach einer Sage hatten Eltern erfahren, dass ihren einzigen Sohn einst ein Blitzschlag tödten werde. Da liessen sie einen festen Thurm aus grossen Steinen aufführen und bargen darin ihr Kind. Zur bestimmten Zeit erhob sich aber ein Ungewitter, ein Blitz fuhr in den Thurm hinein und tödtete den Knaben. So ging der Sugjenicenspruch in Erfüllung.

Einen Aufschub des Verhängnisses kann man aber doch erzielen. Meine Mutter erzählte mir einmal eine Sage von einem König, dem es beschieden war, in seinem grössten Glanze plötzlich zu sterben. Sein Schicksal erfuhr der König von einem Bettler. Eine der Sugjenicen hatte gesagt: „findet sich Jemand bereit, von seinem eigenen Leben fünfzehn Jahre dem König zu schenken, so wird der König noch weitere fünfzehn Jahre in Glück und Glanz leben." Der König liess im ganzen Lande kundthun, er biete ungemessene Schätze Demjenigen, der ihm fünfzehn Jahre schenken will. Lange fand sich Niemand dazu bereit, denn Jedermann liebte sich selber mehr als den König. Endlich brachte ein Soldat dieses Opfer aus Liebe zu seiner alten Mutter, weil sie gar so viel gut war, aber in Armuth lebte. Nach einer anderen Sage konnte der Gatte sein Leben erst verlängern, wenn sich seine Frau für ihn sterben legte. Die Frau that so aus Liebe zu ihrem Manne, den Mann freute aber nach ihrem Verscheiden sein Leben nimmer. „Nach der Etruskischen Disciplin konnte man vielleicht in ähnlicher Weise den Aufschub bevorstehender Uebel an erster Stelle von Jupiter, dann erst von den Fata erlangen; die Bücher der Disciplin und die Sacra Acherontia lehrten ferner, dass das Fatum um zehn Jahre aufgeschoben werden könne [189])". Offenbar liegt in diesen Angaben ein Gemisch von etwas Volksglauben und mehr noch priesterliche Düftelei vor.

Nach indischem Volksglauben schreibt das Schicksal (vidhi) seinen Spruch dem Menschen auf den Scheitel [190]). Die Römer kannten Fata scribunda. Die schriftliche Aufzeichnung betrachteten die Römer als Zeichen der Unabänderlichkeit [191]). Vielleicht ist unter dem Einfluss dieser römischen Fata scribunda auch in den jüdischen Glauben die Vorstellung vom schicksalschreibenden Jehovah eingedrungen. Im altjüdischen Glauben lässt sich dieser Zug nicht nachweisen. In dem Morgenbussgesange „Richter des Weltalls" (das Lied singt man am Jom Kipur, am Versöhnungstag) wird gesagt, dass Gott jedem Menschen an diesem Tage den Buchstaben tov (תו), das ist der letzte Buchstabe des hebräischen Alphabets, auf die Stirne schreibt oder zeichnet. Dieses Tov kann der Anfangsbuchstabe von tomos (ר׳ מות) d. h.

---

[189]) Peter bei Roscher a. a. O. S. 1451.

[190]) Vrgl. Boehtlingk, Indische Sprüche, 2. Aufl., 1870, Nr. 1018.

[191]) Vrgl. Klausen in der Zeitschrift f. d. Alterthumswissenschaft. VII. 1840, S. 226.

‚du sollst sterben' oder von tichje (תחיה) d. h.
„du sollst leben bleiben" sein. Stern umschreibt die
betreffende Stelle des Liedes, weil eine genaue Uebertragung im Deutschen ohne Erklärung nicht verständlich wäre, folgendermassen:

‚Auch dein Volk im Gnadelauf, zeichne es zum Leben auf;
Und das Lebenszeichen schreibe ihm auf's Haupt, dass stets
es bleibe:
Wie des Morgens Opferweih', täglich dargebracht auf's Neu'! [292])

Die Vorstellung schreibender Sugjenicen ist
bei den Südslaven unerhört. Vor der Einführung
des Christenthums war den Südslaven das Geschäft
des Schreibens fremd. Sie wussten, und das wohl
nur wenige Auserlesene, blos von symbolischen Zeichen,
von „Strichen und Kerben" (čerty i rjezy), wie der
Mönch Hrabar berichtet [293]). Also konnte der Südslave füglich auch seinen Gottheiten die Kunst des
Schreibens nicht beilegen. Wenn aber trotzdem gegenwärtig viele südslavische Schriftsteller so gerne beispielsweise die Vilen (Waldfräulein) als Musen
apostrophiren, so beweisen sie damit nur, dass ihnen
der Vilen Amtsbezirk gerade so genau bekannt ist,
als nach dem Volksglauben die Vilen mit den Erzeugnissen der neueren serbisch-horvatisch-slovenischen
Reimkunst vertraut sind.

* *
*

---

[292]) Die Festgebete mit einer neuen deutschen Uebersetzung in deutschen Lettern von M. E. Stern. Wien 1850,
I. S. 180.

[293]) Ueber Kerbe und Striche in Herceg-Bosna der Gegenwart vergl. meinen Brief an W. v. Schulenburg in der Berliner Zeitschrift für Ethnologie 1886, Heft V.

Die gute und die böse Stunde.

Bei manchen Völkern geht die Auffassung vom Glück und Schicksal unmittelbar von einer Vorstellung der unbegrenzten Zeit aus, die, ohne Rücksicht auf das Thun und Treiben dieser Welt, unaufhörlich sich fortbewegt, der willens- und widerstandslos Alles auf Erden unterworfen ist. Vornehmlich scheinen die Erânier dieser Anschauung gehuldigt zu haben, wie ich dies schon zuvor angedeutet habe. Näheres über den erânischen Glauben bieten die alten Quellen nicht. Mittelbar lässt sich aber durch Vergleichung mit dem bezüglichen Volksglauben anderer Völker, in unserem Falle der Südslaven, vielleicht etwas mehr Licht in das Räthsel dieser geheimnissvollen Auffassung hineinbringen. Ich glaube, dass die Erânier zufolge einer ihnen besonders eigenthümlichen Geistes- richtung eine ganz einfache Vorstellung, erst allmälig durch weitausgreifende Abstractionen zu einer com- plicirten Combination ausgestaltet haben. Gewisse Vorstellungen und Begriffe müssen von selber im menschlichen Fassungsvermögen unter bestimmten gleichmässig gegebenen Verhältnissen aufdämmern. Verwandtes und Auseinanderliegendes streiten um den Vortritt; verloren geht aber in diesem Kampfe nichts. Es kommt nur darauf an, welche Vorstellung über die meisten verwandten und gleichartigen schliesslich dermassen obsiegt, dass sie dieselben in sich aufsaugt. Warum bei den Erâniern gerade die Vorstellung von der Zeit die Oberhand gewonnen und zum Schicksal und Glück ausgebildet worden, kann man noch nicht erklären. Die Lösung solcher

dunkler Probleme des menschlichen Geistes gehört
gegenwärtig schwerlich in den Bereich der Aufgaben,
die der Ethnograph sich stellen darf.

Der primitive Mensch denkt sich die Zeit, nach
seiner eigenen unberechenbaren Stimmung urtheilend,
in gute und böse Abschnitte eingetheilt, die ganz
unregelmässig aufeinander folgen. Je nachdem, was
der Zufall mit der Zeit bringt, ist die Zeit g u t oder
b ö s e. Der Begriff Zeit ist natürlich abgegrenzt im
Grossen durch die wechselnden Jahreszeiten, im
Kleinen durch Tag und Nacht, und in weiterer Spal-
tung durch Stunden und Augenblicke. G o d (ina)
ist bei den Slaven der allgemeinste Ausdruck für
Zeit, dann heisst g o d i n a das Jahr, muss aber auch
speciell die s c h ö n e Jahreszeit bedeutet haben, wie
dies das Adjectivum u g o d a n (a n g e n e h m) und die
Negation des Substantivums: n e g o d a, n e p o g o d a
(gleich h u r t o v i n a) (böse Jahreszeit, Wintersturm,
S c h n e e g e s t ö b e r, u n a n g e n e h m e Verhältnisse,
U n g l ü c k) beweisen. Der Südslave hat sich aber
zur Bezeichnung der Zeit in gutem und bösem Sinne
für die Verbindung von čas (bulg. čjas), der A u g e n-
blick, mit den Adjectiven d o b a r und z a o entschieden. Der Deutsche, der Franzose und der
Spanier gebrauchen analog den Begriff S t u n d e.
„Aus dem Begriff der guten Stunde des Beginns
(à la bonne heure) hat sich der französiche Ausdruck
b o n h e u r (masc.) für Glück ingemein erzeugt. Aehnlich ist für den Erwerb der Ritterschaft das altspan.
el que en b u e n ora cinxo espada" [194]).

---

[194]) J. Grimm, D. M. S. 818. Anm.

Nach südslavischem Volksglauben entscheidet es
für das ganze Leben des Menschen, ob einer in
einem guten (glücklichen) oder bösen (unglücklichen)
Augenblicke (u dobar čas, u zo' čas) zur Welt gekommen [195]). Der Deutsche sagt ähnlich auch noch heute:
zu glücklicher, guter Stunde geboren werden.
Ahd. mit heilu er giboran ward. GRIMM bemerkt,
im altspanischen Cid komme häufig vor: el que en
buen ora nascio, el que en buen punto nascio.
Von dem in glücklicher Stunde geborenen Kinde sagt
der Russe: onŭ balovenĭ sčastĭja. Der Kleinrusse
kennt eine štasliva godina und eine nesčasliva oder lichaja g. In einem Volksliede ruft die
Dienerin dem heimkehrenden Herrn freudig zu:

> — štasliva godina!
> tvoja ženka, naša panî, porodila syna [196]).

(„Glückliche Frist! dein Weibsen, unser Frauchen, hat einen
Sohn geboren!")

Eine Tochter beschuldigt ihre Mutter:

> vrodila sĭ mnja, moja mati, vŭ lichuju godinu [197]).

(„Du hast mich, o meine Mutter, in böser Stunde zur Welt
gebracht'.)

---

[195]) SCHULZE, Fetischismus, S. 127 f.: „Die Tage selbst
werden dadurch zu Fetischen, dass man viele als besonders
unglückliche, viele als glückliche betrachtet. In Aschanti gibt
es im ganzen Jahre nur 150—160 glückliche Tage, an denen
man ohne Schaden wichtige Geschäfte vornehmen kann. Am
Senegal gelten Dinstag und Sonntag für dies atri, weit mehr
noch der Freitag, weshalb ein Bambarrakönig alle seine am
Freitag geborenen Söhne tödten liess."
[196]) Bei HOLOVACKÍ a. a. O. I, S. 19, V. 1 f.
[197]) Ebd. S. 240, Nr. 5, V. 1; nesčasliva g. S. 297, Nr. 111, V. 3.

Wer um die zwölfte Stunde, sei es Mitternacht oder Mittags, geboren ward, ist ein Unglückskind, nach allgemeinem slavischen Volksglauben. Die
frühe Morgenstunde vor Sonnenaufgang bringt
lauter Glückskinder, ihnen wird Schönheit zu Theil.
In einem Volksliedchen aus Mähren spricht ein Bursche
zu einem Mädchen: ‚Ach, mein liebstes Aennchen
(Nanynko), was bist du für ein schönes Mägdlein!
Du musst wohl geboren worden sein, ehe der Morgenstern (dennice) aufgegangen war!‘ Drauf erwiedert
selbstbewusst das Mädchen:

> ja sem se narodila
> dennice vycházela
> už me moja mamjenka
> na rukach kolibala [198]).

(‚Ich bin geboren worden; als der Morgenstern aufging, wiegte
mich mein Mütterchen schon auf den Händen‘.)

Die Zeit nach Sonnenuntergang gilt aber
als unglücklich. Um diese Zeit ist es nicht einmal gut, das Haus auszukehren, weil das Glück des
Hausvorstandes darunter leidet [199]).

Nach kleinrussischem Volksglauben ist dem Sonn-
tagskinde Unglück durch's ganze Leben beschieden. Ein Mädchen beklagt ihr Loos:

> porodila mene mati u svïjatu nedilju
> dala meni girku dolju [300]).

(‚Am heiligen Sonntag hat mich meine Mutter geboren, hat
mir ein bitteres Geschick gegeben.‘)

---

[198]) Bei Sušil in Morav. nar. pisni, 204, cit. bei Poteb.
S. 157.

[199]) ‚Zbog napretka domaćinova‘; in der Bosanska Vila I,
Nr. 15, S. 238, b. Nr. 16.

[300]) Bei Metlickí 12, 365, cit. bei Potebnja S. 156 f.

Dagegen gilt bei den Deutschen, bei den Weissrussen und bei den Südslaven das Sonntagskind als
besonderes Glückskind. Nach serbischem Volksglauben sind Sonntagskinder allein geeignet, ver-
grabene Schätze zu heben. Bei den Bulgaren werden
Glückskinder Subbotnici, d. h. Samstagskinder,
genannt. Am Sonnabend feiere auch die Pest (čuma)
vom Mordgeschäft. Am Sonnabend speien die giftigen
Schlangen ihr Gift aus und sammeln für die kom-
mende Woche ein neues an [301]).

Mittwochskinder sind nach kleinrussischem Volksglauben Unglückskinder, Donnerstags- und Samstagskinder Glückskinder.

Freitagskinder sind nach serbischem Volksglauben
gegen Hexen gefeit.

Die am 1. April geborenen Kinder werden Diebe
und Lügner, haben auch kein Glück in ihren Unternehmungen und Geschäften.

Der Serbe nennt ein Glückskind dobrosret-
njik (weiblich dobrosretnjica) [302]), den Unglücksmenschen zlosretnjik, zlosreća [303]), zlokera [304]).

---

[301]) Bei E. Karanovŭ im Period. spis. 1884, S. 130, Nr. 32.

[302]) Bei Karadžić im Wörterb. S. 125. Dobrosretnjica ist
im Munde der Mutter auch ein euphemistisches Scheltwort
gegenüber ihrem unartigen Kinde.

[303]) Ebd. S. 212, a. Im Sprichwort: Kome ime zlokera
svud ga zlo ćera (Wer den Namen Z. führt, den verfolgt überall
Ungemach). d. h. der Unglückliche hat immer Pech. Vuk's
Erklärung: Ko je nesrećan svako zlo ide nanj scheint mir
nicht ganz zutreffend.

[304]) Ebd. S. 212. In der Wendung: idi zlosrećo jedna
(troll dich fort, du böse Begegnung!).

Der flüssige Volksglaube weiss den letzteren immer etwas anzudichten. Ein Unglücksmensch ist der Heimat- und Besitzlose. Dem erbgesessenen Bauer, dessen Leben ohne besondere Schwierigkeiten im althergebrachten ordnungsgemässen Geleise von Sitte und Brauch ruhig sich abwickelt, wird der Marktschreier und Possenreisser, der sich kümmerlich durch die Welt durchtagediebt, leicht als ein besonders vom Unglück geschlagener Mensch erscheinen. In der Bocca di Cattaro erzählt man beispielsweise vom Marktschreier, den man dort čaratan [305]) nennt: „Das ist Einer, der im märzlichen Neumond (u marčanoj svijeći) zur Welt gekommen. Bevor er noch getauft worden, ist eine Katze oder sonst ein unreines Thier (pogana životinja) über ihn geschritten. Darum bleibt er zeitlebens ein Unglücklicher und kann keinerlei Gewerbe, noch eine ständige Beschäftigung haben, sondern stromert in aller Welt herum (smuca se koje kuda) und unterhält und täuscht die Leute durch seine Blendstücke, sein Spiel und Kurzweil, und lockt ihnen das Geld aus der Tasche heraus. Solches Geld kann ihm aber keinerlei Vortheil bringen; denn wie gewonnen, so zerronnen.

Der 1. April gilt darum als Unglückstag, weil an demselben Judas, der Verräther Christi, geboren worden sein soll. Die Neumondstage sind aber überhaupt nicht geheuer, weil im Neumond, besonders des März-

---

[305]) Bei Karadžić im Wörterb. S. 219. — Čaratan vom ital. ciarlatano (französ. charlatan). Ciarlare schwätzen, marktschreien, quacksalbern.

mondes, die Hexen ihr Unwesen treiben [306]). Da kann
das neugeborene Kind leicht gegen einen Wechselbalg
eingetauscht werden. Entschieden liegt hier ein mythischer Glaube aus vorchristlicher Zeit zu Grunde.
Ich wage es nicht zu behaupten, dass der Slave
schon dazumal mit der Horoskopie vertraut gewesen.
Sie ist ja eine speciell orientalische „Wissenschaft".
Das Juden-Christenthum hat dem Südslaven erst
Kunde von ihr vermittelt. Das Judenthum hat nämlich schon im frühesten Mittelalter auf glückliche
und unglückliche Geburtstage ein grosses Gewicht
gelegt, und jüdische Rabbinen haben den bezüglichen
Glauben förmlich in ein System gebracht. Im Talmud, diesem merkwürdigsten unter allen merkwür-
digen Sammelwerken menschlichen Wissens, wo eine
Unmenge orientalischen und occidentalischen Volksglaubens verschiedener Zeiten und verschiedenster
Völkerschaften, mit denen die Juden in näheren
Verkehr getreten, aufgespeichert ist, findet man einen
förmlichen Leitfaden über Nativitätsstellung. Da sind
auch die einzelnen Wochentage von diesem Standpunkte aus genau bestimmt. Merkwürdig ist auch die
jüdisch-theologische Deutung. Die Stellen lauten [307]):
   „Wer am Sonntag geboren ist, der wird eine
hervorragende Rolle im Leben spielen, entweder als

---

[306]) Vrgl. Krauss: Südslav. Hexensagen, S. 18. Die Stelle
aus dem ‚Gorski vijenac‘: Ko u marču što udre vještice
(‚Wie im März die Hexen dreinfahren‘). Die Uebersetzung ist
dort zu berichtigen.
   [307]) Nach der Verdeutschung Dr. J. Morgenstern's in der
Allgem. Oesterr. Literatur-Ztg. II, Nr. 13 u. 14, S. 22.

ein berühmter Rabbi oder als ein übel berüchtigter Dieb, weil an diesem Tage Licht und Finsterniss geschaffen wurden. Zur Bekräftigung der Wahrheit erzählt ein Rabbi, dass er und ein gewisser Dima bar Kakusta — wahrscheinlich aus δῆμος κακός (böses, schlechtes Volk) entstanden —· an einem Sonntage geboren wurden, er sei ein berühmter Rabbi und Dima ein Räuberhauptmann geworden."

„Wer am Montag geboren ist, der ist jähzornig und boshaft, weil an diesem Tage die stürmischwogenden Wasserfluthen getheilt und abgegrenzt wurden."

„Wer am Dienstag geboren ist, der wird mit Glücksgütern reich gesegnet sein, jedoch einen ausschweifenden Lebenswandel führen, weil an diesem Tage der ganze Naturreichthum sich entfaltete und die Erde ihre Schöpfungskraft entwickelte."

„Wer am Mittwoch geboren ist, der wird sehr klug und weise sein, weil an demselben die Himmelslichter: Sonne, Mond und Sterne, geschaffen wurden."

„Wer am Donnerstag geboren ist, der wird wohlthätigen Sinnes sein und reichliche Spenden an Arme vertheilen, weil an diesem Tage Vögel und Fische geschaffen wurden, die auch sorgen- und kummerlos leben und ihre Nahrung reichlich vorfinden."

„Wer am Freitag geboren ist, der wird fromm und strenggläubig sein, weil an diesem Tage Alles von der feierlichen Weihe des herannahenden Sabbaths erfüllt und durchdrungen ist."

„Wer am Sonnabend geboren ist — hier wird die Nativität nur dem männlichen Geschlechte gestellt —

der wird am Sonnabend sterben, weil seinetwegen
der Sabbath entweiht worden ist, da man an ihm
am achten Tage, also wieder am Sabbath, die Be-
schneidung vollzogen. Jedoch wird jeder am Sabbath
geborene Mann, fügte der ungenannte Schreiber hinzu,
ein Heiliger genannt."

Nicht blos die Geburt eines Menschen muss, nach
slavischem Volksglauben, zu guter Stunde oder in
glücklichem Augenblicke stattfinden, jedes Gescheh-
niss soll zu guter Frist eintreffen, sonst gibt es kein
Gedeihen. In einem kleinrussischen Volksliede spricht
ein Kämpe zum anderen:

> My pôdemo pane brate kozakovŭ rubati
> a jakŭ prijdetŭ zla godina, budemŭ utêkati [808])

(„Lass uns, Herr Bruder, gegen die Kosaken ziehen, und wann
die böse Zeit kommt, so werden wir Reissaus nehmen‘).

Eine der gewöhnlichsten Wunschformeln, deren
sich der Horvate, Serbe und Bulgare alleweil gerne
bedienen, ist: u dobri čas! So spricht auch der
weissrussische Bauer: dajï bogŭ tebje vŭ dobryjï časŭ!
Jeder Wunsch kann in Erfüllung gehen, soferne man
ihn in einem guten Augenblicke ausspricht. Entsprechend dem griechischen εὐφήμει ὦ ἄνθρωπε und
dem römischen: bona verba quaeso! „wenn man das,
was der Andere gesagt hat, ablehnt, oder die böse
Vorbedeutung, die darin liegen könnte, abweisen will,
oder wünscht, dass das, was der Andere gesagt hat, nicht
geschehen möge," sagt auch der Bosnier ne govori
ružno! denn das Wort könnte zu böser Stunde gefallen sein. Einen günstigen Augenblick hat jeder

---

[808]) Bei HOLOVACKI I, S. 25, Nr. 20, V. 27 f.

Mensch einmal des Tags und einen besonders glücklichen einmal im Leben. Nur weiss Niemand, wann
sein glücklicher Augenblick da ist. Dieser Glaube
erinnert mich an das schöne Wort Goethe's:

> Der Mensch erfährt, er sei auch, wer er mag,
> ein letztes Glück und einen letzten Tag [309]).

Alle Segenssprüche der Serben und Bulgaren
beruhen auf dem Glauben von der guten Stunde.
Stereotyp sind besonders die Segenssprüche bei feierlichen Anlässen, wie z. B. bei der Verlobung und
vor der Trauung. Der Vater sagt zu den Werbern:
Also, ich gebe sie aus, und gäbe es Gott, es sei zu
guter Stunde! [310]) In allen Trinksprüchen heisst es
bei den Bulgaren: na dobĭrŭ čjasŭ [311]). Der Serbe
spricht: s ovom trećom a s dobrom srećom pomogo
nas bog i sveti spas u veliki dobri čas! [312]) (Mit diesem
dritten [Glase] und mit guter Sreća helfe uns Gott
und das heilige Heil in einem grossen guten Augenblick!); oder: sve s časom dobrijem a mirom
božijem, da pijemo, da se namjeri dobri čas za
objeda i po objedu našemu bratu domaćinu i ko je
u njegovom poštenom domu. ‚U bolji čas od
objeda: pismo u dobri čas a sad ćemo i u bolji‘ [313]).

Der Serbe unterscheidet einen guten, einen besseren und einen besten Augenblick. Bei der Hochzeit
singt der Mädchenreigen:

---

[309]) Im „Epilog zum Essex“ von 1813.
[310]) Bei Karadžić in život i običaji, S. 99.
[311]) Bei Rakovski im Pokazalec, S. 101, 103, 106, 116.
[312]) Bei Vrčević in tri glavne nar. sveč. S. 103.
[313]) Bei Karadžić a. a. O. S. 73.

> u ime boga u čas dobar!
> sve nam bilo u čas dobar
> ovo sada u najbolji!
> vr'jeme nam se veseliti
> mlada Jova oženiti [314])

(Im Namen Gottes [Bog] in gutem Augenblicke! Alles widerfahre uns in einem guten, dieses Ereigniss [aber] im besten Augenblicke! Frohsinn's Zeit ist, jung Johannes zu beweiben').

Mitunter darf man ohne weiteres d o b a r čas dem französischen l e b o n h e u r e gleichsetzen, weil es ganz in der Bedeutung von dobra sreća gebraucht wird. Beim Abzug der Braut aus dem Elternheime singt der Gespielinnen Reigen also:

> svemu rodu i plemenu na veliku čast
> a našijem mlagjencima u najbolji čas!
> a svak reci i pomisli: da je dobar čas!
> tako vama i bog dao vazda dobar čas! [315])

(‚der ganzen Sippe und dem Stamme gereiche es zu grosser Ehre, unseren Brautleuten aber im besten Augenblicke! Jeder sag und denk es: es sei ein guter Augenblick! so möge Gott auch euch allezeit geben guten Augenblick!')

Zum Schluss segnet die Mutter ihre Tochter mit den Worten: šćerce, bože ti daj dobru sreću! Kolko škroka postupila od svoga roda do svoga doma toliko ti bog dao dobrijeh i sretnijeh časa [316]). (‚Töchterchen! Bescheer dir Gott gute Sreća! Soviel du Schritte von deiner Verwandtschaft [317]) bis zu deinem

---

[314]) Bei Vrčević a. a. O. III. svadba, S. 159. Vrgl. Ebendenselben in Srpske n. p. iz Herc. S. 349—355, u. z. Nr. 1, 4, 5, 6 und 8.

[315]) Bei Karadžić a. a. O. S. 131.

[316]) Ebendaselbst.

[317]) Vrgl. Krauss in Sitte und Brauch, S. 3.

Heime zurücklegen wirst, soviel guter und glücklicher Augenblicke soll dir Gott geben!")

Dann stimmt der Reigen wohl an das Lied:

ajde Maro u sto dobrih časa
pratila te sreća do vijeka[318]).

(„Zieh, Marie, in hundert glücklichen Augenblicken, die Sreća geleite dich ewiglich.")

Zu Weihnachten (K o l e d a) ist es Brauch, dass eine Schaar von Dorfmädchen (bulg. K o l e d ž a n e, serb. K o l e d a r i c e) von Haus zu Haus Glück wünschen gehen. Bei den Bulgaren im Kreis von Z a j č a r, in Serbien kündigen sich die Koledžanen so an: nie mu vŭ tie dobri časove doftásaeme[319]). („Wir sind in diesen guten Augenblicken gekommen!") Auch das Glück muss zu guter Stunde kommen.

* * *

Die Tagwählerei.

Mit dem Glauben an den guten Augenblick und die glückliche Geburtsstunde oder den glücklichen Geburtstag steht natürlich die Tagwählerei im innersten Zusammenhange. Hier mögen sich Vorstellungen aus ältester mythischer Zeit mit jüdisch-christlichen und auch solchen des flüssigen Alltagsglaubens mischen. Auf eine nähere Behandlung und Erörterung der Ueberlieferungen kann ich mich hier nicht einlassen, denn über vage Vermuthungen käme ich dabei kaum

---

[318]) Bei PETRANOVIĆ a. a. O. I. Nr. 81, S. 80.

[319]) Im Period. spisanie, Srjedecŭ 1884, S. 107: Zajčarŭ i negovoto naselenie.

hinaus. Ueber den bezüglichen abendländischen Glauben hat eine Fülle von Nachweisen C. Meyer in seinem vorzüglichen Werke über den Aberglauben des Mittelalters geliefert. Seine Erklärungen sind meist den Hauptsachen nach zutreffend, lassen sich aber nicht ohne Weiteres auf südslavischen Volksglauben übertragen. Irre ich nicht, so ist doch das Meiste, was über Tagwählerei bei den Südslaven vorkommt, ein Erbstück mittelalterlich-abendländischen Kirchenglaubens. Der Slave hat sich diesen Glauben eigenartig zurecht zu legen gesucht und hält noch fest an dem in seiner Art theuer errungenen Gute. Der Pole ist noch reicher als der Südslave an Einzelnheiten über Tagwählerei, wie ich aus unzähligen Stellen des meisterund musterhaften Kolberg'schen Sammelwerkes Lud entnehme. Echtslavisches und besonders Echtsüdslavisches aus dem Wust einander widerlaufender Noten und Nötchen herauszuschälen, halte ich für ein derzeit noch fast unausführbares Ding. Ich muss mich wohl begnügen, vor der Hand einige wichtigere Angaben aus dem einschlägigen Volksglauben mitzutheilen.

Wie im deutschen Volksglauben, gilt auch im südslavischen der F r e i t a g als Unglückstag. Eine Arbeit gedeiht nicht, so man sie an einem Freitag beginnt [330]). Wer am Freitag erkrankt, wird in der Krankheit das Zeitliche segnen, auch scheut man an diesem Tage eine Reise anzutreten [331]).

---

[330]) Im Novouredjeni Ilirski Kalendar iliti S v e t o d a n i k, 1853, Budim (ohne Seitenzahl!).

[331]) Bei Luka Ilić in Narodni slavonski običaji. Agram 1846, S. 312.

Freitag, Dienstag und Mittwoch sind Unheilstage. Am Freitag und Dienstag soll man nicht das Geringste weben, noch Wäsche im Flusse waschen, auch soll man vom Gründonnerstag bis zum Tag des hl. Panteleimon mit dem Pracker keine Wäsche pracken[³²²]. Dienstag soll man das Haarkämmen sein lassen, um des Friedens zwischen Brüdern wegen[³²³]. Mittwoch (u srijedu) soll ein Mädchen sich nicht kämmen noch ihre Haare in Flechten legen, sonst wird sie ergraut (sijeda) bei der Mutter ihre Haare kämmen und flechten[³²⁴].

Hier hätten wir eine auf der Paronomasie srijeda und sijeda aufgebaute Volksdeutung. Dunkel ist mir aber ein anderer Deutungsversuch, der eine ‚Frau Mittwoch‘ (žena Srijeda) anführt. Das wäre ja leibhaftig Frau Hole und Berchta[³²⁵] oder Perchtl[³²⁶] in Bosnien. Die Slovenen haben freilich von den Deutschen die Perchtl übernommen; soll sie gar auch zu den Serben gedrungen sein?

In meiner Vorlage heisst es nämlich: ‚Es ist nicht rathsam, am Vorabende des Freitags und Mittwoch

---

[³²²]) In der Bosanska vila, I. Nr. 15, S. 238a; Nr. 6, vrgl. ebd. 239a, Nr. 48.

[³²³]) Ebd. S. 239a, Nr. 46.

[³²⁴]) Ebd. S. 239, Nr. 47.

[³²⁵]) Vrgl. FREITAG: Die Göttin Bercht-Holda und ihr Gefolge a. a. O. S. 183 und S. 355.

[³²⁶]) Vrgl. Allgemeine Wiener Communal-Bezirkszeitung, V. Jahrg., Nr. 36 im Feuilleton: „Die Weihnachtszeit im Drauthale". S. 2.

zu spinnen, denn es kann das Weib Srijeda kommen und einem Leid zufügen [327]).'

Damit stimmt auch der bulgarische Volksglaube überein: ,Am Vorabende von Mittwoch und Freitag scheuen die Frauen jede Arbeit.' Die Berichterstatter setzen noch hinzu: ,An drei Tagen in der Woche (wir glauben, es sind Dienstag, Donnerstag und Freitag) ist's verpönt, eine Reise ins Ausland anzutreten' [328]).

Wie sich mit der Vorstellung vom Freitag als einem Unglückstage eben die gegentheilige verträgt, ist schwer zu erklären, doch die Thatsache steht fest. Ein Sprichwort heisst:

---

[327]) In der Bosanska vila, S. 238b, Nr. 18: „može doći žena Srijeda i nahuditi".

[328]) MILADINOVCI in den Blg. n. p. S. 525. Es soll hier die ganze, sehr merkenswerthe Notiz Platz finden, wenngleich sie mit unserem Thema nichts gemein hat: „An dem Tag, an welchem ein Mitglied des Hauses eine Reise in die Fremde antritt, arbeitet keiner von den Hausleuten. Dem in die Fremde Ausziehenden wird ein wenig Erde (vom heimischen Boden) mitgegeben, damit ihn das andere Land, wohin er zieht, (gut) aufnehmen soll. An manchen Orten bekommt er auch Wasser mit, überall aber ist es Brauch, Brod mitzugeben." (Da muss man doch wohl nicht gleich an einen Volksglauben denken; Brod, Fleisch, Wein oder Branntwein nimmt ja jeder zur Wegzehrung mit.) „Die Hausleute pflegen von dem Platze, wo sie sich endgiltig mit dem Abreisenden verabschieden, ein wenig Gras mit nach Haus zu nehmen." Offenbar um eines sympathetischen Zaubers wegen. Vrgl. Sitte und Brauch der Südslaven. S. 105 ff.

petak sredan početak [389])

Freitag ein glücklicher Anfang(-stag);

ferner glaubt man, dass man keine Zahnschmerzen bekommen und stets begeldert sein werde, wenn man sich die Fingernägel an Freitagen schneide [330]). Nach deutschem Volksglauben ist „der Freitag gleich dem abnehmenden Mond namentlich für negative Beschäftigungen, wie Nägelschneiden oder Haarschneiden günstig, weil man da weder Ohrenweh noch Zahnschmerzen bekommt" [331]). In Norwegen wieder meint das Volk, „wenn man an einem Freitag buttert, so gibt's mehr Butter" [332]).

Bei den Mahomedanern gilt der Freitag bekanntlich als ein heiliger und darum glücklicher Tag.

Der Südslave glaubt auch an bestimmte „schwarze Tage im Jahre" (crni dani u godini), an denen man überhaupt keinerlei Geschäfte unternehmen soll. Solche Tage sind vor Allem Jahrzeiten trauriger Ereignisse der Vergangenheit, z. B. der Religionsgeschichte: der Tag Johannis Enthauptung (usjekovanije sv. Jovana [333]) oder der nationalen Geschichte: der Vitustag (vidovdan), an welchem Tage die Serben auf den Leiten (Kosovo) von den

---

[329]) Im Svetodanik a. a. O.

[330]) Ebd. vom Jahr 1854.

[331]) Bei C. Meyer a. a. O. S. 208.

[332]) Vrgl. F. Liebrecht „Norwegischer Aberglaube" in: ‚Zur Volkskunde'. Heilbronn 1879, S. 337.

[333]) In der Bosanka vila a. a. O. S. 239 b, Nr. 45.

Türken aufs Haupt geschlagen wurden. Das Volk
kennt gar viele solche Tage. Ilić bietet sogar eine
Tabelle von 59 dies aegyptiaci. Die Tabelle ist
gewiss nicht bei den Südslaven entstanden. Erstens
führt der illiterate südslavische Bauer seinen Kalender
nicht in dieser Weise, zweitens rechnet er nach Festtagen, Mondesphasen und Jahreszeiten. Vielleicht
hat Ilić die Tabelle einem der zahlreichen Planeten-
(planetar) und Traumbücher (sanovnik) entnommen,
deren die südslavische Literatur nicht wenige besitzt;
unwahrscheinlich ist es aber auch gar nicht, dass
er bei den Bauern die Tabelle geschrieben vorgefun-
den. Habe ich doch selber fünf verschiedene S a -
t o r A r e p o formeln aus Bosnien, wo der Bauer sowohl der Christ als der Mahomedaner dieselbe als
Amulette trägt und auch als Medicament dem lieben
Vieh eingiebt. Die Tabellen und Zauberformeln sind
Jahrhunderte alt, noch aus einer Zeit, wo man mit
derlei franken Handel trieb. Die Ilić'sche Tabelle
rührt unzweifelhaft ursprünglich aus dem Abend-
lande her. Ich gehe wohl nicht fehl, wenn ich
annehme, dass sie durch Ergänzung der 32 Tage
zählenden Tabelle Tycho de Brahe's entstanden
ist. Letztere wurde im Jahre 1630 auf der däni-
schen Insel Elen im Kloster Elenum eingemauert
und ist vor etwa 60 Jahren wieder aufgefunden
worden [334]). Zum Vergleich lasse ich beide Tabellen
hier folgen:

---

[334]) Mitgetheilt von O. Kolberg im Lud, XVII. 1884,
S. 118, Anm.

Die ILIĆ'sche Tabelle:

Im Jänner (sječanj) . .	1, 2, 4, 6, 11, 12, 15, 17, 20.
„ Februar (veljača) . .	1, 15. 16. 17. 18.
„ März (ožujak) . . .	3, 14, 15, 16, 17, 18.
„ April (travanj) . . .	1, 10, 12, 13. 15, 17, 18.
„ Mai (svibanj) . . .	7, 8, 10, 17, 30.
„ Juni (lipanj) . . .	1, 7. ˗
„ Juli (srpanj) . . .	1, 5, 6, 17. 21.
„ August (kolovoz) . .	1, 3, 20. 21.
„ September (rujan) . .	10, 15, 18. 30.
„ October (listopad) . .	6, 15, 17.
„ November (studeni) .	6, 10, 12, 17.
„ December (prosinac[385])	6, 7, 11, 15, 16.

Die BRAHE'sche Tabelle:

In den Monaten	Tage	nach dem römischen	nach dem griechischen Kalender	Tage
Jänn.	7	1, 2, 4, 6, 11, 12, 20.	8, 31	2
Febr.	3	12, 17, 18.	6, 17, 20	3
März	4	1, 4, 14, 16.	2, 4, 22	3
April	3	3, 17. 18.	5, 6, 25, 26	4
Mai	2	7, 8.	26	1
Juni	1	7.	—	
Juli	2	17, 21.	5, 9	2
Aug.	2	20, 21.	8, 9, 20	3
Septbr.	2	10, 18.	6, 24	2
Octbr.	1	6.	25, 27	2
Novbr.	2	6, 8.	24, 29	2
Decbr.	3	6, 11, 18.	6, 20, 21, 23, 25, 30, 31	7

[385]) Die volle Aufzählung der Monatsnamen in dieser Folge macht mich stutzig. So zählen die Horvaten, welche eine Schule besucht haben. In Horvatien hörte ich die Bauern blos für Februar den slavischen Namen v e l j a č a sagen, sonst

In der ersten Tabelle sind ausgefallen im Februar der 12., im März der 1. und 4., im April der 3., im November der 8., im December der 18. Tag, sonst enthält sie vollständig alle Zahlen des römischen Kalenders der letzteren Tabelle.

Im Anhange an Brahe's Tabelle heisst es:

‚Wer an einem solchen Tage geboren wird, lebt nicht lange, und das Wenige in grosser Armuth.

‚Wer erkrankt, wird sterben, oder gesundet kaum.

‚Wer sich verheirathet, wird in seinem Hause kein Glück haben.

‚Wer übersiedelt, wird im neuen Heim Unglück oder Krankheit finden.

‚Wer auf Reisen geht, kehrt ohne Unglücksfall nicht heim.

‚Wer in diesen Tagen etwas kauft, wird dessen nicht froh.'

In Windischgarsten heissen die Unglückstage Schwendtage. Man zählt ihrer 32, mitunter auch mehr. Das Kind, das an einem solchen Tage geboren wird, lebt nicht lange, und wird es schon grösser, hat es viel Unglück und stirbt eines gachen, elenden Todes ⁣***).

---

gebrauchen sie die lateinischen Namen. Der Bosnier und der Hercegovac kennen nicht alle Monatsnamen. Ich erfuhr von den illiteraten Bauern folgende Namen: für Jänner prosinac (so sagt auch der Serbe in Slavonien), für Februar veljak, für März marat (Martius), für Juli rujan, für September kolovoz, für October voćnjik und für December studeni.

***) Vrgl. die ausführliche Darstellung dieses Glaubens bei Amand Baumgarten: Das Jahr und seine Tage in Meinung

Man sieht, wie tief auch im deutschen Volke dieser
Glaube Wurzel gefasst. Die Südslaven haben hierin
gerade so wie die Polen von den Deutschen geborgt.

Als ein Corollar führe ich noch an, dass der Südslave auch Stechbücher kennt, aus welchen er
sich in zweifelhaften Lebenslagen Rath zu holen
pflegt, und die er gerne aufschlägt, um über sein
Glück und Schicksal etwas zu erfahren. Das Stechbuch heisst ingjil (Evangelium) oder Kalendar
(Kalender). Dieser Kalender ist gleichfalls ein Gebet-
und Erbauungsbuch, in welchem für alle Wochen-
und Festtage im Jahre eigene Gebete verzeichnet
sind. Zum Ueberfluss ist dem Buche ein regelrechter
Kalender mit den Namen der Tagespatrone vorge-
druckt. Das Ingjil dient auch als Traumbuch. Nach
einem Guslarenlied schlägt Kaiser Lazarus das Evangelium auf, um daraus einen Traum zu deuten:

> pa on uze ingjil tamir nâmu
> pa je ruju tamir učinio [337]).

Ein bulgarisches Volkslied erzählt, wie ein junger
Mann sein Schicksal aus einem ‚schweren Kalender‘
erfahren:

> — mladŭ Tudorŭ
> uzelŭ mi težekŭ kalendarĭ
> otvažda cerkva šarena
> ta da se bogom pomoli:

und Brauch der Heimat, Kremsmünster 1860. Progr. S. 28 f.
Vrgl. ferner J. Haltrich: Zur Volkskunde der Siebenbürger
Sachsen (Wolff'sche Ausgabe) Wien 1885, S. 281—289: ‚Be-
stimmte Zeiten, Tage und Jahreszeiten im Aberglauben‘.

[337]) In ‚Kosovska pjesma naših muhamedovacâ‘ zabilježio
Dr. Friedr. S. Krauss. Im ‚Javor‘, Neusatz 1885.

— Bože le mili Gospodi!
u kalendarĭ mi se pádaše
če šte da ginja
da ginja od svoja majtja rodĭena [338]).

(„— jung Theodor nahm mir den schweren Kalender und
begab sich in die ausgemalte Kirche, um zu Gott zu beten:
‚O Gott, mein theurer Herr! Im Kalender fiel mir [die Stelle]
auf, dass ich sterben, dass ich sterben soll von [der Hand]
meiner leiblichen Mutter.“)

Er flüchtet nach Rumänien, um seinem Schicksal zu entgehen, erwirbt dort grosse Reichthümer
und kehrt nach neun Jahren heim. Er übernachtet
bei seiner Mutter und seiner Frau, ohne sich ihnen
Abends erkennen zu geben. Nachts schlachtet ihn
seine Mutter ab, um ihn zu berauben.

Der gläubige Jude benützt die Bibel als Stechbuch. Bei den Römern galt schon in frühester Kaiserzeit, und dann das ganze Mittelalter hindurch in
Italien und Frankreich, Virgil's Aeneis als vorzüg-
liches Stechbuch [339]).

* * *

Glücksfetische.

Als Glücksfetische bezeichne ich jene besondere
Art von Amuleten, die für glückbringend gehalten

---

[338]) Bei Kaćanovski a. a. O. S. 123 f., Nr. 49.

[339]) Sortes Virgilianae holte man sich auch officiell
in Tempeln. Bei Jul. Capitolinus in der vita Clod. Albini 5, 4:
in templo Apollinis Cumani cum sortem de fato suo tol-
leret, his versibus ei dicitur esse responsum (Vergil. Aen. VI.
857 ff.). Vrgl. D. Comparetti: Virgilio nel medio evo, Livorno
1872, der eine schwere Menge Belege aus der mittelalterlichen Literatur beibringt.

werden. Das Amulet kann auch ein Fetisch sein. Es wirkt nicht durch sich selbst, sondern übt nur durch den innewohnenden Genius eine gute oder wohlthuende Kraft aus. Dem Fetisch kommt lediglich als dem Wohnsitz eines schützenden Genius eine besondere Wirkung zu. „Vom Fetisch unterscheidet sich das Amulet dadurch, dass bei diesem letzteren nicht mehr das äussere, sinnliche Ding, nur als solches, an und für sich, eine bestimmte Kraft und Gewalt hat (das wäre ein Fetisch), sondern dass als das Wirkende eine höhere Macht geglaubt wird, für welches dies äussere Ding nur ein versinnbildlichendes Symbol ist. Das Amulet stützt sich also auf einen höheren, hinter ihm liegenden Ideenkreis, der Fetisch steht auf eigenen Füssen. Das Volk, wenn es ein solches Amulet zum Schutze gegen irgend eine böse Macht trägt, vergisst sehr bald, dass das Wirkende und Schützende, ein von dem Stoffe des Amulets ganz Unabhängiges ist; es hält diese beiden Seiten nicht auseinander; es macht vielmehr die wirkende Macht unmittelbar von den äusseren Dingen abhängig. So sinkt denn das Amulet wieder zum Fetisch herab" [340]). Bei Naturvölkern, die einen Fetischcult haben, wirft man den Fetisch ohne Weiteres weg, falls er die gehofften Wirkungen nicht hervorruft. Es heisst, der Geist habe den betreffenden Gegenstand, den Fetisch, verlassen.

Fetischismus ist unter den civilisirtesten Völkern in den höchsten Gesellschaftsschichten ebenso vor-

---

[340]) SCHULZE, Der Fetischismus. S. 174 f.

handen wie bei den blos mit einem Lendenschurz
aus Bast bekleideten Südseeinsulanern. „Der Unterschied zwischen den κατ' ἐξοχὴν sogenannten Fetisch-
verehrern und den unsrigen ist allein dieser: jene
sind blos oder wenigstens hauptsächlich Fetischisten,
diese sind der Hauptsache nach schon etwas Anderes
und nebenbei noch Fetischisten. Dass sie nicht in
dem ausgebildeten Masse Fetischisten sind wie die
specifisch sogenannten, ist nur eine Folge davon,
dass sie auch schon Anderes sind, also ihre Energie
nicht ganz ungetheilt auf den Fetischismus richten
können" [341]). Natürlich ist auch bei uns in Europa
der Fetischglaube nicht überall gleichmässig stark.
Die arme Bošnjakin auf der Hochebene von Malovan,
die für ihr Kind eine Wiege aus neunerlei Holzarten
von einem unstäten Zigeuner oder einem halbblinden
Bettler anfertigen lässt, damit ihr Kind Glück haben
soll, hat solchen Glauben mit der Königin von England gemein. Die „Wiener allgemeine Zeitung" [342])
brachte jüngst aus englischen Blättern die Notiz:
„Auf Befehl der Königin Victoria wurde durch Mr.
Martin, Director des Blindeninstitutes, eine Wiege für
das neugeborne Kind der Prinzessin von Battenberg
bestellt. Die gesammten Details der Wiege werden
von blinden Männern und Frauen verfertigt. Die
Königin hält an dem Glauben fest, dass von Blinden
hergestellte Gegenstände einem Kinde Glück bringen."

---

[341]) Schulze a. a. O. S. 170. Ueber Fetischismus vergl.
noch bei Gustav Rosskoff in: Das Religionswesen der rohe-
sten Naturvölker, Leipzig 1880, S. 159 ff.

[342]) Nr. 2425 vom 28. November 1886, S. 4.

Ein in ganz Europa wohlgekannter und hoch-
gehaltener Glücksfetisch ist die Glückshaube;
man gewinnt sie, „wenn die Eihäute, welche die
Frucht umgeben, nicht, wie es gewöhnlich geschieht,
vor Durchtritt des Kindskopfes zerreissen, vielmehr
den geborenen Kopf wie eine Kappe überziehen"[343]).
„Bei den Isländern führt sie den Namen Fylgja
(Fem.) und sie wähnen, in ihr habe der Schutzgeist
oder ein Theil der Seele des Kindes seinen Sitz;
die Hebammen hüten sich, sie zu schädigen und
graben sie unter die Schwelle ein, über welche die
Mutter gehen muss. Wer diese Haut sorglos weg-
wirft oder verbrennt, entzieht dem Kind seinen
Schutzgeist"[344]). Bei den Serben heisst die Glückshaube sretna košuljica (Glückshemdchen). Mein
verehrter Freund, Herr Vid Vuletić auf Curzola,
machte mir bezüglich dieses Volksglaubens folgende
Mittheilung: „Ein glücklicher Mensch kommt in
einem weissen Hemdchen zur Welt. Dieses Hemd-

---

[343]) Dr. H. Ploss: Das Kind in Brauch und Sitte der
Völker. I. 1884, S. 12 ff.

[344]) Bei J. Grimm, D. M., Bd. II, S. 829. — Ploss bringt
a. a. O. volle zwei Seiten Belege bei über diesen Glauben bei
verschiedenen Völkern. Den Römern war die Glückshaube
bekannt unter dem Namen pileus naturalis. In Deutschland heisst man sie auch Wehmutterhäublein, Wester-
haube, Westerhemd, Hemd, Schleier. Fischart nennt
die Haube: Kinderpelglin. In England caul; die Fran-
zosen sagen: être né coiffé für ‚ein Glückskind sein', die
Russen: onŭ vŭ soročkje rodilsja (vrgl. Potebnja a. a. O.
S. 172), die Polen: urodził się w czépku (vrgl. Kolberg im
Lud VII. 1874, S. 249, Anm.).

chen näht man ihm in den Talisman ein, den er,
wie sonst ein Amulet, um den Hals trägt, dann
geleitet ihn das Glück[345]) (pa mu je sašiju u zapis
taman ka moći te je nosi o vratu a sreća ga prati).
Ein Mädchen, das mit einem solchen Hemdchen zur
Welt gekommen und es (gewöhnlich getrocknet) als
Amulet mit sich trägt, braucht damit einen Burschen,
der ihr gefällt, auch nur zu berühren und zwar auf
einer blossen Stelle des Körpers, so wird der Bursche
wie wahnsinnig in das Mädchen sich verlieben. Wird
ein Kind mit dem Hemdchen geboren, so muss man
es allgemein bekannt geben (valja ga proglasiti). Ist
das Hemdchen roth (crvena košuljica), so wird das
Mädchen eine m o r a (M a r oder T r u t), nach der
Verheirathung aber eine Hexe (v j e š t i c a), ein männ-
liches Kind dagegen wird ein Hexenmeister (v j e š-
t u r a k ili v j e š t u n)[346]); macht man aber die Sache
rechtzeitig kund, so kann das nicht geschehen."

In Serbien sagt man von einem solchen Kinde,
es sei ein v i d o v i t o d i j e t e[347]). Das kann nur
soviel bedeuten als ‚prophetisch veranlagtes Kind'.
So ein Mann oder Weib, erzählt man, folgt späterhin den V i l e n und weiss mehr als sonst Menschen

---

[345]) War auch in Deutschland üblich. In einer Privat-
sammlung zu O s n a b r ü c k wurde noch im vorigen Jahrhundert die Glückshaube Hans Sachsens gezeigt. Vrgl. G. Lam-
mert: Volksmedicin und medicinischer Aberglaube in Bayern.
Würzburg 1869. S. 114.

[346]) In Frankreich hält man dagegen die Glückshaube
für glückbringend, wenn sie roth ist; bleifarben deutet sie
auf kommendes Missgeschick. Vrgl. bei Ploss a. a. O. S. 13.

[347]) Karadžić im Wörterbuch, S. 60a.

wissen [348]). In der Bocca in Dalmatien nennt man einen Menschen, der mit blutigem (rothem) Hemdchen und einem kleinen Schwänzchen zur Welt gekommen, einen repač (Geschwänzter). Man sagt, der repač wäre, besonders zornentbrannt, weitaus stärker als sonst Jemand. Wenn er im Augenblicke seines Grimmes noch das Schwänzchen spannte, könnte er, meint man, auch zehn Männer, gleich zehn kleinen Kindern, überwältigen [349]). Das „Hemdchen" darf nicht verbrannt noch weggeworfen werden, sonst wird dem Kinde sein Glück vernichtet.

In Slavonien pflegt man die Košuljica an einem schwer zugänglichen Orte tief zu vergraben; denn es gibt Leute, die gerne ein solches Hemdchen stehlen. Ich habe voriges Jahr in Kobaš an der Save das Amulet eines Kindes aufgemacht und darin Knoblauch, einige zerfallene Kleeblätter (wahrscheinlich waren es ursprünglich vierblättrige) und ein sich abblätterndes Knäulchen gefunden. Letzteres war eine košuljica. Verhältnissmässig selten bringt ein Kind das Häubchen unversehrt mit zur Welt. Die Seltenheit war schon ein Grund, genug bedeutend, dass man dem Häubchen eine besondere

---

[348]) Vrgl. Krauss, Sitte und Brauch d. Südslaven, S. 301. Die Note daselbst ist zu berichtigen. Sito vidovito ist ein ‚prophetisches Sieb‘, ein ‚Zaubersieb‘, weiter nichts.

[349]) Bei Karadžić, život i običaji, S. 221. Auch ein Geschwänzter (mit einem stark ausgewachsenen Schlussknorpel im Rückgrat) ist ein merkwürdiges Phänomen, über welches der Volksglaube verschiedener Zeiten und Völker so Manches zu erzählen weiss.

Wichtigkeit beilegte. Es liegt näher, in einem solchen Falle ein gutes als ein böses Vorzeichen zu erblicken, denn alle, die es angeht, besonders die Hebamme, finden es für gut [560]).

Ein Glücksfetisch, der vielleicht bei allen Völkern der Erde gleich hochgeschätzt wird, ist die D o n n e r - a x t (Donnerstein, Donnerkeil, Albschoss, Strahlstein, Teufelsfinger; mittelhd. schûrenstein oder Schâwen-stein); bei den Hellenen 'A s t r o p e l á k i a, bei den alten Römern g e m m a e c e r a u n i a e, bei den Spa-niern p i e d r a s d e r a y o, bei den französischen

---

[560]) Ob die semitischen Völker des Orients den Glauben an die Glückshaube mit den Indogermanen gemeinsam haben, darüber fand ich nirgends Angaben. Der T a l m u d der Juden bietet nichts dergleichen. Scheinbar im Widerspruch damit steht eine Nachricht bei Dr. M. Güdemann in 'Geschichte des Erziehungswesens und der Cultur der Juden in Frankreich und Deutschland', Wien 1880, I, S. 204: „dann bedürfen be-sonders diejenigen Kinder einer Obhut, die eingehüllt in einen Panzer, d. h. mit einer um den Kopf gebundenen Haut zur Welt gekommen sind und die gerade diese Haut nicht bei sich tragen. Diese werden nämlich von den Dämonen begabt. Es gibt eine Beschwörungsformel dagegen, die mit einer Wünschelruthe geschehen muss, und ein Heilverfahren, das man aber nur von den mit den Genien verkehrenden Frauen erfahren kann." Es scheint mir, das wir hier blos den allgemeinen in Frankreich und Deutschland verbreiteten Glauben, nicht aber einen specifisch jüdischen vor uns haben. Der Jude hat überall von dem Volke aufgenommen, in dessen Mitte er lebte. Der deutsche und französische Jude sind eben längst keine Semiten mehr, sondern Deutsche oder Fran-zosen, die sich zur mosaischen Confession bekennen, und nur hie und da aus den religiösen Büchern irgend eine semitische Vorstellung ins Alltagsleben herübernehmen.

Hochälplern peyros del tron (pierres de tonnerre),
bei den Birmanen Mo-gio, bei den Javanen Anak-
pitas (Kind des Blitzes), bei den Chinesen Rai-fu-
seki (Streitaxt des Tengus — Tengus war der Hüter
des Himmels), in Indien swayamphu (selbstent-
standen) genannt. Den Donnerkeil kennt man auch
in Amerika und in Australien als wirksames Schutz-
mittel für Mensch und Thier gegen Einfluss der
bösen Geister und verehrt man den Keil als Glücksfetisch[551]).

Bei den Letten heisst der Stein Perkuno akmu
und P. kulka (P.'s Stein, P.'s Kugel); bei den
Wenden nevjedraskowy kamen (Gewitter-
stein)[552]); bei den Südslaven strelica (Pfeilchen)
und nebeska strelica (Himmelspfeilchen). Die
Stelle, wo der Blitz auf freiem Felde einschlägt, gilt
förmlich als geheiligt. Der slavische Mahomedaner
pflegt die Stelle einzuhegen. Der Südslave unterscheidet nicht genau zwischen Donnerkeil und einer
prähistorischen Axt. Beide heissen ihm gleich
strelica. Ihr Besitz bringt Glück und Gedeihen
in allen Geschäften; man muss sie aber stets mit
sich tragen. In den dreissiger Jahren lebte in Gaj
in Slavonien, so erzählt mir mein alter Vater, ein

---

[551]) Vrgl. R. Andree: Die prähistorischen Steingeräthe
im Volksglauben. Wien 1882, S. 6, 8, 9, 10, 12, 14, 15, 16.
Separatabdruck aus den Mitth. d. Anthropol. Gesellschaft in
Wien. XII. B., vrgl. auch bei Schulze a. a. O. S. 178—180:
„Steine als Fetische".

[552]) Bei W. Schulenburg in: Wendische Volkssagen, Leipzig 1880, S. 270.

armer jüdischer Hausirer Namens David. Der hatte
sich aus Kurland nach Slavonien verlaufen. Einmal
fand er zufällig einen Donnerkeil, eine strelica. Er
trug sie immer mit sich herum, im Glauben, dass
sie ihm gute Geschäfte vermittle. Der Stein war
ihm um keinen Preis feil. Von den Bauern wurde
David viel beneidet. Auf den Märkten kamen sie
zu ihm und baten, er möchte ihnen den Stein zeigen.
Da riefen sie aus: he, al si sretan Davide! (Ei, bist
du glücklich, David!) Die slavonischen Juden gaben
ihm den Spottnamen Strelica. Seine Witwe lebte
noch im Jahre 1877 in Cernik in Slavonien. Man
kannte sie nur unter dem Namen: baba Růža
Strelica.

Meteorsteine werden bei den Bošnjaken nicht
minder geschätzt. Der Meteorstein ist der ‚grom
iz vedra neba‘ (‚ein Donnerschlag aus heiterem
Himmel‘). Mir erzählte ein Obstverkäufer, ein Serbe,
in Travnik, er habe vor etlichen 20 Jahren auf der
Čardak planina Ziegen geweidet. Da fielen urplötz-
lich zwei Blitze aus klarem Himmel nieder. Er er-
schrak gewaltig. Dann habe er an jenen Stellen
nachgegraben und etwa zwei Schuh tief zwei schwarze
wie Eisen schwere strelicen gefunden. Bald darauf habe er geheirathet und einige Jahre recht glücklich und im Wohlstande mit seiner Frau gelebt.
Da wurden ihm die zwei Strelicen entwendet. Nun
starb seine Frau und sein Kind. Ein böser Mensch
(pizmen) zündete ihm zum Ueberfluss das Haus an.
Seitdem freue ihn das Leben nicht mehr. Jetzt
handle er mit Obst und suche Taglohn.

Glücksfetische sind ferner die G l ü c k s n u s s
(s r e ć n i o r a h) und (in Slavonien) die Glücks-
kastanie (s r i t n j i k o s t a n j). Wer sie mit sich im
Busen führt, dem widerfährt kein Uebel. Der Nuss-
baum und seine Früchte waren in vorchristlicher
Zeit dem P e r u n geheiligt, an dessen Stelle im
neueren Volksglauben bei den Südslaven der heilige
E l i a s häufig auftritt [353]). Der Kastanienbaum ist
jüngeren Datums auf dem Balkan. Ihn haben die
Türken aus Asien mitgebracht. Herr VULETIĆ VUKA-
SOVIĆ hat mir zwei solche Nüsse geschenkt. Sie
waren in Herzform verwachsen. Glückskastanien
habe ich nie welche zu Gesicht bekommen. Der
Glaube an Glücksnüsse kommt wohl in Deutschland
vor [354]), vielleicht auch in Russland. Die Deutschen
kennen ein Sprichwort:

‚Glücksnüsse haben selten einen guten Kern‘.

In Bosnien scheint man Glücksnüsse nicht zu
achten. Mein Begleiter auf meiner Forschungsreise,
der Guslar MILOVAN CRIJIĆ, sagte zu mir, als wir zu
Schiff auf dem Meere dahinfuhren, nachdem wir
Curzola verlassen hatten: ‚Herr, seitdem du von
deinem Wahlbruder die Teufelsnuss bekommen, geht
es mit uns beiden abwärts. Entledige dich des
Zauberdings!‘ Ich gab ihm ohneweiteres die Glücksnuss hin. Er warf sie unter gräulicher Verwünschung

---

[353]) Vrgl. KRAUSS in Südslav. Hexensagen. S. 24 Anm. f.

[354]) Bei WANDER, Deutsches Sprichwörter-Lexikon, B. V,
S. 1360, führt als russisches Sprichwort an: ‚Die Nüsse, die
das Glück austheilt, sind taub.‘ Daraus geht doch noch
nicht hervor, dass den Russen die Glücksnuss bekannt sei.

ins Meer. Ein kleiner Delphin schnappte nach der Nuss, spie sie aber gleich wieder aus. Da meinte Milovan: vidi gospodaru, ni riba je ne će! („Schau, Herr, nicht einmal der Fisch mag sie!“)

Wer ein vier- oder fünf- oder gar ein sieben-blättriges Kleeblatt selber findet und mit sich herumträgt, der hat Glück.

Ein Stück vom Galgenstrick, mit welchem man einen Verbrecher gehängt, bringt Glück. Der Besitzer des Fetisches kann keinen Schaden erleiden[865].

Der Glücksgroschen gehört auch zu den Glücksfetischen. In Slavonien nennt man ihn sretni groš oder aldamaš (Draufgabe; türk. aldum = ich habe empfangen; akče, weisses, geschmiedetes Geld) oder likovo (aus dem Deutschen: Leihkauf, bei den Polen lidkup[866]); in Bosnien: alvaluk (vom Arab. helva, halva = Zuckerteig). Der Käufer zahlt dem Verkäufer noch einen Groschen „auf gut Glück, damit es Gedeihen bringe“[867].

Ein Glücksgeld ist auch die überzählige Münze, welche der Verkäufer irrthümlich zu viel erlegt. Nek je na sreću! („sie soll auf Glück sein!“) sagt der

---

[865]) Im Svetodanik u. s. w. von 1854. Das ist allge-meiner, aus dem Mittelalter überkommener Glaube.

[866]) Bei O. Kolberg im Lud II, 1865, S. 246, Nr. 5: „na jarmarku mówią w czasie targu: Rzućcie jaką w bloto! (opuścić co z ceny!) Po dokonaném kupnie piją lidkup na zgodę w karczmie“.

[867]) Vrgl. bei V. Bogišić im Zbornik narod prav. običajâ. S. 465 f. Viele Belege. Vrgl. Haltrich a. a. O. S 314: ‚Glücks- oder Heckpfennig‘.

unredliche Händler und spuckt die Münze an, damit
sie sich mehre [558]).

In Bosnien trägt jeder serbische Kaufmann in
seinem Geldbeutel eine Glücksmünze herum, die er
nie verausgabt, sondern nur vererbt. In Srebrnica
zeigte mir der Bürgermeister, ein Mohamedaner, seine
Glücksmünze, einen prachtvoll erhaltenen Golddukaten
des Antoninus Pius. Der Beg sagte mir, diesen Dukaten habe schon sein Urahne zur Zeit Soliman I.
mit sich herumgetragen.

Auch der Feldcult weist mehrere Momente auf,
welche auf Fetischglauben hindeuten. So sagt man
z. B. von dem Burschen, welcher nach der Fechsung
mit einem Aehrenkranz auf dem Haupte der
Schaar der Schnitter und Schnitterinnen singend
voranzieht, ‚er trage das Glück nach Hause‘ (nosi
sreću kući). Der Kranz, als das Wahrzeichen des
Feldsegens, wird oberhalb des Bildes des Haus-
patrons in der grossen Stube aufgehängt und bleibt
dort als Glücksfetisch bis zur nächsten Ernte. In
deutschen Landen stellt der Bauer auf dem Felde
eine Glücksgarbe auf [559]).

* * *

Wilder Glücksglaube.

Ich nenne so jenen auf Glück und Schicksal bezüglichen Volksglauben, welcher sich eigentlich unter
keinem der bisher gewonnenen Gesichtspunkte ge-

---

[558]) Im Put u Bosnu (von Mažuranić). Agram 1842, S. 31.
[559]) Vrgl. Mannhardt, Der Baumcultus u. s. w. S. 213.

nauer fassen lässt. Es handelt sich hier um den für
uns gegenwärtig noch vielfach scheinbar regellosen
Volksglauben, wo man verschiedenen, zum Theil ganz
ausserhalb der menschlichen Entscheidung gelegenen
Zufälligkeiten auf das nächste Schicksal des Menschen
einen Einfluss vindicirt. Wenn man einen Glücks-
oder Unglücksvogel zu hören bekommt oder wenn
an einem ein Schwein zur Rechten oder Linken vor-
beiläuft und man aus diesem Zufall eine Folgerung
auf seine Zukunft macht, so halte ich das für einen
wilden Glücksglauben. Natürlich ist das auch Fetischglaube. Es liesse sich noch gut eine besondere
Rubrik des niederen Alltagsglaubens aufstellen,
unter welche man jene Fälle subsumirte, wo die
Glücksauguration vom Willen des Menschen abhängig gedacht wird. Hier spielt schon mannig-
fachster Zauberglaube mit ein. Einige Besonderheiten
will ich späterhin hervorheben; eine eingehendere
Behandlung dieses Stoffes würde aber für sich schon
einen ganzen Band füllen. Der Gegenstand wäre
dabei noch immer nicht erschöpft. Hier ist es nicht
nothwendig, die Sachen näher zu beleuchten, weil
sie streng genommen zu den Vorstellungen vom
Glück nicht gehören.

Ich will dafür an dieser Stelle noch einzelne Anschauungen und Legenden besprechen, die erstens zu
vag gehalten sind und dann so vereinzelt dastehen,
dass es ungerechtfertigt wäre, auf sie hin allgemeine
Schlüsse über Glücksglauben zu ziehen. Auch gewisse Erfahrungen des täglichen Lebens finden unter
verschiedenen Formen im Sprichwort wie in der Sage

dichterische Verwendung, ohne Rücksicht darauf,
ob die Wahrnehmungen und Erfahrungen exact gemacht worden sind. Davon mag das Eine und das
Andere mythisch anklingen, d. h. den Schein davon
erwecken; denn in der grossen Menge des Land-
volkes, bei welchem Niederschläge uralter mythischer
Vorstellungen noch zu finden sind, bilden die letzteren förmlich eine Urhebe zu neuen Gestaltungen
und Bildungen. Die Verschiedenheiten erklären sich
vielfach dadurch, dass jeder nach Massgabe seiner
Phantasie zu diesen Schöpfungen etwas beiträgt.
Man kann darum im Volke nicht zwei Menschen
finden, die ganz in gleicher Weise über eine mythische Vorstellung aussagen würden. Es lässt sich
füglich behaupten, dass jeder Mensch seinen eigenen
mythischen Vorstellungskreis besitzt, welcher durch
die grössere oder geringere geistige Selbstthätigkeit
des Individuums wesentlich bedingt ist. Für diesen
niederen, flüssigen Volksglauben gilt dasselbe wie
für das Sprichwort. Das Sprichwort ist streckbar
und dehnbar und unterliegt der Mode. Seine Weisheit ist zumeist von einseitigem Werthe so wie der
niederste Fetischglaube. Nur unter gegebenen Verhältnissen misst man ihnen einen Werth bei, je
nachdem man ihrer gerade bedarf.

Es ist ein alter Erfahrungssatz, dass Besitzthümer
von Hand zu Hand wandern. Wird der Eine reich,
muss der Andere verarmen. Geld und Güter behaupten sich eben nicht. Der Serbe drückt diese
Beobachtung durch ein dem Sonnenauf- und Nieder-
gang entlehntes Bild aus:

> dok jednom ne omrkne, drugom ne osvane.

(Eh es dem Einen nicht nachtet, mag es dem Andern nicht tagen.)

Wie leicht ersinnt ein witziger Kopf dazu eine Parabel. Uebrigens bietet ja das Leben ohnehin zahllose Beispiele, durch welche dieser Satz illustrirt wird. Häufig kommt es vor, dass von Ehegatten das Eine zur Trägheit hinneigt. Da muss sich das Andere, gedrängt vom Selbsterhaltungstrieb, nur um so mehr anstrengen, um sich und den Lebensgefährten vor Noth und Elend zu schützen. Das anerzogene Ehrgefühl spornt den arbeitenden Theil immer zu grösseren Anstrengungen an, während der lediglich consumirende Gespons noch mehr seinem Hange nachlebt. Das Volk erklärt sich ein solches Zusammentreffen verschiedener Naturen kurz durch Schicksalsbestimmung. Man will darin sogar eine weise Verfügung Gottes erblicken. Eine legendenhafte Parabel[360]) bringt diesen Gedanken klar zum Ausdruck: Der h. Petrus und der Herr zogen einst des Weges daher. Begegneten einem Burschen und fragten ihn: „Jüngling, wohin führt der Weg da?" Der Bursche erhob den Fuss und sagte: ,Dorthin!' Sie gingen nun weiter fürbass, trafen ein Mädchen und baten sie um Bescheid: „Ich bitt dich, Mägdlein, wohin führt dieser Weg?" Das Mädchen springt hurtig auf und zeigt ihnen den Weg. Sprach Petrus zum Herrn: ,Dieses Mägdlein verdiente wohl ein gutes Glück,' Drauf der Herr: „Jenes Burschen,

---

[360]) Bei Krauss, Sagen und Märchen der Südslaven. II. S. 338, Nr. 137.

mein lieber Petrus, der den Fuss erhoben." Wieder
Petrus: ‚Herr, die verdiente schon etwas Besseres!'
Entgegnete ihm der Herr: „So ist's einmal; es sollen
sich die Besseren mit den Schlechteren vermischen."
Man gebraucht vom Glücklichen das Wort:

Kome bog tom i svi sveci.

Wem Gott (wohl will), dem (sind) auch alle Heiligen (hold).

Aber der vom Schicksal zum Glück Geborene
kann Gottes Wohlwollen entrathen; denn selbst zu-
gedachtes Uebel wandelt sich ihm zum Guten. Diese
dem angeführten allgemein bekannten Sprichwort
fast entgegengesetzte Ansicht wird ausnahmsweise
in einer Legende [361]) ausgesprochen. „Gott, der hl.
Petrus und der hl. Elias wanderten einmal auf Erden
und wurden auf dem Wege hungrig. Da schickte
Gott den hl. Elias zu einem alten Manne Brod bitten
und sagte, er soll sich ihm zu erkennen geben.
Dieser geht hin, verlangt Brod und gibt sich dem
Greise zu erkennen als hl. Elias. Darauf antwortete
ihm der Alte: ‚Dir gebe ich kein Brod, denn du
treibst argen Unfug in der Welt (čuda činiš po svetu);
tödtest durch Donnerschläge Menschen und vernich-
test die Saaten durch Hagelwetter.' Der hl. Elias
kehrte wieder um und that Gott berichten, wie ihn
der Alte empfangen. Als Gott dies vernommen,
ging er selber zum Alten, Brod verlangen ; doch
als er ihm seinen Namen nannte, entgegnete ihm
der Alte: ‚Na, du bist mir auch so ein Unrecht-

---

[361]) Im Bršljan, list za zabavu pouku i književnost,
uregjuje GJORGJE RAJKOVIĆ. Novi Sad. II. Nr. 5. S. 40.

thuer; in dem einen Jahre lässt du uns die Frucht
gedeihen, im andern gibt es wieder Misswachs. Dem
Einen bescheerst du zuviel, der Andere muss vor
Hunger umkommen. Du bist Herr von Himmel und
Erde, ich Herr meines Brodes; pack dich fort, du
kriegst nichts von mir.' Nachdem ihn der Alte so
abgewiesen, kehrte Gott wieder zurück und schickte
den hl. Petrus ab, vielleicht bekommt der vom Alten
ein Brod. Als sich ihm der hl. Petrus zu erkennen
gegeben, sagte der Alte zu ihm: „Dir gebe ich schon
Brod, denn du bekümmerst dich am meisten um
uns ³⁶²). Du sättigst wie den Menschen so auch die
kleinste Ameise im Staube." Als der hl. Petrus das
Brod gebracht und sie ihren Hunger gestillt hatten,
da sprach der hl. Elias zu Gott: ‚Wie sollen wir
uns rächen an diesem Alten?' Und Gott antwortete:
‚Der hat im Felde schöne Frucht stehen; da lass du
heute Nacht Donnerwetter, Sturm und Hagel los,
damit ihm Alles zu Grunde geht.' Der hl. Petrus
hörte das Gespräch mit an und begab sich insgeheim
zum Alten und rieth ihm, vom Fleck weg soll er an
den Erstbesten die Aussaat verkaufen. Der Alte
verkaufte sogleich um schönes Geld die Frucht dem
Popen. Als es aber Nacht wurde, vernichtete der
hl. Elias des Popen ganze Aussaat bis auf die Wurzeln. In der Frühe fragte Gott den hl. Elias: ‚Nun,
hast du die Aussaat vernichtet?' Der erwiderte:
‚Vernichtet wohl, aber der Alte erleidet keinen

---

³⁶²) Zu Petri und Pauli, Ende Juni, ist die Frucht aus-
gereift und wird eingeheimst.

Schaden; denn er hat die Aussaat dem Pfarrer ver-
kauft.' Da that es dem hl. Elias leid um den Popen,
den solches Unglück heimgesucht, und da fragte er
Gott: ,Was soll ich thun, um dem armen Kerl wieder aufzuhelfen?' — ,Sei ruhig, ich werde in der
heutigen Nacht die Aussaat noch viel herrlicher, als
sie gewesen, wieder aufspriessen lassen.' Der hl.
Petrus hatte wieder das Gespräch zwischen Gott und
dem hl. Elias behorcht und begab sich wiederum
zum Alten und rieth ihm, er soll dem Popen das
Geld zurückgeben und ihm sein Bedauern über das
Missgeschick aussprechen. Ueber Nacht stand die
Aussaat noch schöner als vor dem Unwetter. Da
sprach Gott zum hl. Elias: ,Du, wir haben ja schon
wieder dem Alten genützt', und erzählte ihm von
der Zurückgabe des Geldes. Drauf der hl. Elias:
,Kann Gott selber dem nichts anhaben, wie sollte
ich es erst können?'"

Es ist die Möglichkeit nicht ausgeschlossen, dass
diese Legende einen uralten mythischen Hintergrund
hat, nur bin ich nicht im Stande, diesen Hintergrund
festzustellen. Von formeller Originalität kann bei
dieser nach der Schablone gefertigten Erzählung
keine Rede sein. Sie scheint mir um der Pointe
willen gemacht zu sein; die Pointe aber läuft auf
ein Sprichwort aus.

Einen ganz bestimmten Charakter weist dagegen
der Glaube auf, zufolge dessen es Menschen gibt,
deren unglückliche Ahnungen und Reden immer in
Erfüllung gehen. Einen solchen Menschen nennt
man z l o g u k oder z l o g o v o r (Böses Redner) oder

zloslut[363]) (Böses Vorahner) und zloglasnik (als
von einem Ueberbringer böser Nachrichten). Man
erzählt die Geschichte, ein bosnischer mahomedanischer
Edelmann habe in seinem Dorfe einen solchen zloguk
gehabt. Einmal wollte der Spahi nach Mekka pilgern.
Vor der Abreise berief er den zloguk zu sich und
sagte ihm: ‚Du Unglücksweissager! ich trete nun
im Namen Gottes eine Wallfahrt an, doch du sollst
hinterdrein, bis zu meiner Rückkehr, nichts Böses
mir nachsagen. Dafür kriegst du von mir nach
meiner Rückkehr einen Metzen Hirse.‘ — ‚Gut, Herr‘,
antwortete der zloguk, ‚wenn du aber nicht wieder-
kommst, wer wird mir dann die Hirse geben?‘ Wenn
so ein Unglücksprophet in einem Bauernhause von
irgend welcher Krankheit oder sonst einem Unglücksfall erzählt, fallen ihm wohl die Frauen ins Wort
und sagen, um den bösen Zauber zu bannen: ‚U
našega čabra gvozdene uši‘[364]). (Unser Zober hat
eiserne Ohren.)

Zu den Unglücksmenschen gehört auch der
zloočnik (bösäugige), der mit seinem bösen Blicke
einen Anderen, besonders Kinder beschreien kann[365]).

Der Glaube an den bösen oder unglücklichen
Blick und das Unglücksgesicht findet sich in
aller Welt vor. Jedes Volk hat in dieser Hinsicht
eine eigenthümliche Anschauung. Unglückweissagend

---

[363]) Vrgl. Karadžić im Wörterb. S. 211 f. und Krauss,
im Smailagić Meho, S. 138.

[364]) Bei Karadžić a. a. O. S. 817.

[365]) Ebd. S. 212. Vrgl. Krauss, Südsl. Hexensagen in den
Mitth. d. Anthrop. Gesellsch. Wien 1884. Sep. S. 14, Anm.

erscheint die vom Durchschnittstypus eines Volkes
durch irgend einen besonders auffälligen Ausdruck
ausgezeichnete Physiognomie. Auch die Haarfarbe
entscheidet. Bei den Germanen galten rothe Haare
als schön. Der Rothhaarige erschien dem Volke als
ein Liebling der Götter. Loke war selber rothhaarig.
Im serbischen Guslarenlied haben viele Helden das
ständige Epitheton ruse glave (von rothem Kopf).
Gegenwärtig ist aber dem Serben der Rothhaarige
ein Gräuel. Zusammengewachsene Augenbrauen sind
nach südslavischem Volksglauben ein sicheres Kenn-
zeichen des zloočnik. Man meidet und hasst ihn.
Er sieht sich bald vereinsamt und geht von selber
schliesslich den Leuten aus dem Wege. Dann heisst
es erst recht, er sei ein Menschenhasser. Einem
solchen Menschenhasser legt Rückert die schönen
Worte in den Mund:

In meinem Herzen wohnt ein inn'res Freudenlicht,
doch ist kein Schein davon auf meinem Angesicht.
  Die Menschen, die das Licht nicht sah'n in meinem Herzen,
der Ernst im Angesicht war Störung ihrer Schmerzen.
  Unglückweissagend war der Ausdruck meiner Mienen,
wie Trauerboten, die beim Freudenfest erschienen.
  Und um die Weltlichkeit nicht dort in ihrem Glück
zu hindern, zog ich mich mit meinem hier zurück.
  Ich fühle mir genug das Licht in meiner Brust
und wünsche, dass der Welt genüg' auch ihre Lust [566]).

Dem wilden Glücksglauben könnte man vielleicht
manchem Glückszauber beizählen, doch sind damit schon andere Elemente verbunden, so z. B. der

---

[566]) Die Weisheit des Brahmanen. Ein Lehrgedicht in
Bruchstücken von Friedr. Rückert. Leipz. 1843, S. 277 f. Nr. 76.

Pflanzenzauber, wobei man sympathetisch die Pflanzenseele mit der Seele eines Menschen als in innigstem Daseinsabhängigkeitsverhältnisse stehend sich denkt. Ein verliebtes Mädchen pflanzt beispielsweise Basilicum (oder Sandruhrkraut, s m i l j e)). womit sich Mädchen schmücken. Die Pflanze wird von ihr dem Glücke ihres Johannes zugedacht (na Jovinu sreću namenila). ,Wird Johannes gutes Glück zu Theil, so wird die Pflanze noch am selben Abend aufkeimen, um Mitternacht schon zwei Sprossen treiben und bis zum Morgengrauen schon zum Schmucke dienen können. Ist ihm aber böses Glück beschieden, so wird die Blume bis zum Morgengrauen nicht einmal aufkeimen' [367]).

Wann die Bauern am Vortag des Weihnachtsabends im Walde den Baum für den Weihnachtsbrand (b a d n j a k) fällen, so geben sie sehr darauf Obacht, dass der Stamm gegen Osten falle und im Fallen durch keinen andern Baum oder Strauch aufgehalten werde, als ob damit auch des Hauses Glück auf dem Wege nicht aufgehalten werden könnte (kao da će se

---

[367]) Bei St. Bošković, Bačvanske pesme, skupio —, N. Sad 1879, S. 123, Nr. 10:

> ako Jova dobre sreće bude
> bosiljak će još večeras nići
> u po noći od dva pera biti
> i do zore biće za kićenje;
> ako l Jova hude sreće bude
> ne će nići ni do bela danka.

Varianten dieses Liedchens, welches vornehmlich bei Hochzeiten gesungen wird, bei Davidović, Srpske n. p. iz Bosne, S. 106, Nr. 182 und bei Vrčević, Tri nar. sveč. S. 235.

kućna sreća ustavljati na putu [368]). Das ist niederer
Volksglaube an Vorzeichen. Dergleichen gibt es genug.
Wann die (Finger-) Nägel blühen (weisse Fleckchen
zeigen), blüht einem das Glück (sreća ti cvate). In
Slavonien ist dieser Glaube stark verbreitet, er dürfte
aber höchstwahrscheinlich von den dortigen deutschen
Ansiedlern herrühren. Springt von selber das Glas,
welches einem Jemand geschenkt hat, oder fällt von
selber ein Bild von der Wand zur Erde hinab, so
wird im ersteren Falle dem Geber, im letzteren demjenigen, den das Bild darstellt, ein Unglück heim-
suchen. Setzt man in die Lotterie und geht gerade
an dem Local ein junger Mensch vorbei, so wird
man gewiss einen Gewinnst machen [369]). Solcher
Glaube ist auf die Vorstellungen zurückzuführen,
wonach der Mensch in gewissen unbestimmbaren
seelischen Gegenseitigkeitsverhältnissen zu leblosen
Stücken gedacht wird.

Es würde noch erübrigen, über die guten und
bösen Begegnungen, oder den Angang, namentlich mit Bezug auf die Thierwelt, zu handeln. Ueber
die glück- oder unglückbringenden Thiere habe ich
ein beträchtliches Material aufgesammelt. Es em-
pfiehlt sich von selbst, dasselbe einmal besonders
zu verarbeiten, umsomehr, als hiebei viele Dinge,
welche mit dem Glücksglauben nicht zusammen-
hängen, eingehender besprochen werden müssen, als
es an dieser Stelle zulässig sein kann.

* * *

---

[368]) Bei Gj. Milićević: život II. 21.
[369]) Im Svetodanik, 1854.

Glückssprichwörter.

Ich habe es in der Abhandlung vermieden, die Sprichwörter, die vom Glück im Umlauf sind, mit heranzuziehen, weil es mir bei den verschiedenen und mehrfach von einander in wesentlichen Momenten abweichenden Auffassungen der Sreća im Sprichwort nicht leicht möglich schien, die lebendige Metapher von einer angeblichen oder thatsächlich mythischen Vorstellung genauer auseinander zu halten. Sprichwörter bergen ab und zu irgend einen Rest uralter mythischer Anschauung oder vielmehr, sie lehnen sich an dergleichen an, aber gerade, weil sie fortwährend dem täglichen Gebrauche dienen, schleift sich, wie bei einer Scheidemünze, leicht ihr ursprüngliches Gepräge bis zur Unkenntlichkeit ab. Im Sprichworte gelangen zumeist Resumées bestimmter Lebenserfahrungen zum Ausdruck. Darauf möchte ich auch den fatalistischen oder, um mich Schopenhauer's Lieblingswortes zu bedienen, pessimistischen Charakter der Sprichwörter von der Sreća zurückführen. Eben aus diesem Grunde begegnet man ganz gleichen Aussprüchen fast bei allen Völkern, die eine gewisse Culturstufe erreicht haben. Vergleicht man die slavischen, deutschen und romanischen Sprichwörtersammlungen in Bezug auf die Sprichwörter vom Glück, so wird man im Grossen und Ganzen Uebereinstimmung in den Anschauungen finden. Dazu kommt noch, dass das Sprichwort, wie ein Witzwort, ein wanderlustiger Geselle ist, der sich überall einzubürgern weiss. Das Rechtssprichwort nimmt natürlich eine Sonderstellung ein.

Befremden dürfte auf den ersten Blick die geringe Anzahl der einschlägigen Sprichwörter bei den Südslaven, während die Deutschen, nach WANDER's Zusammenstellungen im deutschen Sprichwörterlexikon, über 1200 solcher Sprichwörter zählen. Abgesehen davon, dass WANDER alles Mögliche unter diesem Schlagwort zusammenfasst, erweist sich der Rest als Varianten von beiläufig 180 Sprichwörtern, von welchen zum Ueberfluss an 100 Stück nicht unmittelbar als Aussprüche des Volksmundes beglaubigt erscheinen. ČELAKOVSKY bietet in seiner Sammlung slavischer Sprichwörter einen Druckbogen solcher, die sich auf das Glück beziehen. Ich will mich im Folgenden darauf beschränken, aus neueren Sammlungen jene Anführungen bei ČELAKOVSKY zu ergänzen. Ich benütze hauptsächlich die ältere dalmatinische Sammlung, welche DANIČIĆ neu besorgt hat, dann die von STOJANOVIĆ und eine handschriftliche Sammlung slovenischer Sprichwörter des Polen EMIL KORYTKO [370]):

1. Sreća od dobrijeh bježi a s zlijem leži (D. 113).
   Das Glück flieht die Guten, dem Bösen aber liegt es bei.

---

[370]) Geboren 1810 bei Kolomea. 1834 kam er als politischer Flüchtling nach Laibach in Krain. Dort lernte er bald Slovenisch und sammelte Volksüberlieferungen. Erschienen sind von ihm fünf Bändchen slovenischer Volkslieder. Herr OSKAR KOLBERG hat mir KORYTKO's Sprichwörtersammlung, die 500 Nummern zählt, freundlichst zur Benützung überlassen, wofür ich ihm hier auf's Herzlichste danke.

2. Srećan je tko pribrojit more ka živući trpje. (Ebd.
Ueber den Sinn bin ich nicht ganz im Klaren.)

3. Sreće daj bože, er je svijesti dosta malo. (Ebd.
Vielleicht aus dem Italienischen.)
Gib Gott Glück, denn (Selbst-) Bewusstsein ist
genug wenig vorhanden.

4. Sreće sam govegje. (Ebd.)
Ich hab' ein Viehsglück. (Der Deutsche gebraucht
diese Wendung, um sich eines aussergewöhn-
lichen Glückes zu berühmen; in welchem Sinne
das Wort bei den Dalmatinern, vorausgesetzt,
dass es keine Uebersetzung aus dem Deutschen ist, gebraucht wird, weiss ich nicht.)

5. Sreću moli da te isprati a nek te ne pričeka. (Ebd.)
Bitt' das Glück, es soll dich auf den Weg ge-
leiten, aber nicht auf deine Ankunft warten.

6. Sreću za kose a nesreću za roge.
(Fass') das Glück bei den Haaren, das Unglück
bei den Hörnern an.

7. Bog sreću dijeli (D. S. 7). Gott theilt das Glück
aus. (Vollständig bei St. S. 28: Bog sreću dijeli
a baba djeci jaja, — die Grossmutter aber den
Kindern Eier, oder: — a kuharica čorbu (— die
Köchin aber die Suppe. Scherzhaft.)

8. Daj meni sreću a znanje kome ti drago. (D. 14.)
Gib mir das Glück, das Wissen aber, wem du
immer magst.

9. Daj mi sreću a stavi me u vreću. (Ebd.)
Gib mir Glück und steck mich in einen Sack
hinein (es wird doch zu meinem Guten sein).

10. Dava otac prćiju a gospodin bog sreću. (D. 15)
Der Vater gibt die Mitgift, Gott der Herr aber
das Glück.

11. Dugoljetna sreća bio vran. (D. 21. Schwerlich
slavischen Ursprungs.)
Langjähriges Glück, ein weisser Rabe.

12. Gdi je bogastvo tu su i prijatelji **871**). (Ebd.)
Wo Reichthum ist, da gibt es auch Freunde.

13. Gjivina sreća miran muž a vrijedna sluga
(Ebd. S. 23.)
Des Mädchens Glück ist ein ruhiger Mann, ein
tüchtiger Diener.

14. Kad zla sreća spi ti je ne budi. (S. 43.)
Wann böses Glück schläft, mach es nicht wacherig.

---

871) In dem schon anfangs erwähnten mahomed.-slav.
Guslarenlied meiner Sammlung aus der Hercegovina, erzählt
der verarmte Held Golotinja Bogjulagić Ibro:

lud sam osto iza bábe svoga,
dost ostalo mâla i iráda.
Ja se dado' po pjanih mehanah
śjedo' piti rakiju i vino
a vodati tridese jarana.
Sve me ágom Ibrâhimom zvahu,
u gornje me čelo prometahu.
Ne sta pare ni bjela dinara,
ne sta kletog ni jednog jarana.
Ne zovu me ágom Ibrâhimom
vet me zovu jednom mèhorinom.

Als unmündiges Kind blieb ich nach meinem Vater zurück;
es ist genug Vieh und Erbschaft übrig geblieben; ich begann
Weinhäuser zu besuchen, Wein und Branntwein zu trinken
und dreissig Freunde herumzuführen. Sie nannten mich
fortwährend „Herr Ibrahim‘ und setzten mich obenan. Als

15. Meni sreća a tebi um. (S. 60.)

Mir das Glück, dir der Verstand.

16. [Ko je sretan] ni zla mu godina ne može na udit. (Ebd.)

Dem Glücklichen mag ein böses Jahr auch nichts anhaben.

17. Pritisni sreću kad dogje za ne tjerat je kad progje. (S. 102.)

Halt das Glück fest, wann es sich einstellt, damit du ihm nicht nachjagen musst, wann es vorüber ist.

18. S kijem je sreća i mrav mu pomaga. (S. 108.)

Mit wem das Glück ist, dem hilft auch die Ameise [172]).

19. Smionu čovjeku sreća dava ruku. (D. 112. Wahrscheinlich entlehnt.)

Dem Kühnen reicht das Glück die Hand.

20. Svakome svoja sreća. (S. 118.)

Jedem sein Glück.

---

aber der letzte blanke Heller und Groschen dahin war, da war auch der letzte verfluchte Freund dahin. Sie nennen mich nicht mehr ‚Herr Ibrahim‘, sondern ‚ein grosser (Wein-) Schlauch‘.

Der Gedanke wird öfters in den Guslarenliedern kurz so ausgedrückt (sprichwörtlich):

dokle blaga dotle prijatelja
nesta blaga nesta prijatelja;

und: teško meni i pobratu mome
kad ja nemam u tobocu svome.

Hübsche Erläuterungen darüber in der Crnogorka (Cetinje) 1885, II, Nr. 19. S. 152.

[172]) Dieses Sprichwort spielt vielleicht auf die Hilfe der Ameisen im Märchen an. Vrgl. Krauss, Sagen und Märchen der Südslaven. I. Nr. 88, S. 406.

21. Tko spi i sreća mu spi. (S. 133.)

Dem Schläfer schläft auch sein Glück (wohl dem Langschläfer).

22. Za srećom prijateljstvo jaše. (S. 140.)

Dem Glücke reitet die Freundschaft nach.

23. Nesreća je hudo blago (S. 78)

Das Unglück ist ein böses Gut

24. Nesreća mu iz oči skače. (Ebd.)

Das Unglück springt ihm aus den Augen (beiläufig soviel als: glotzt ihm, starrt ihm aus den Augen).

25. Nesreća tanko prede. (Ebd.) (Variante: Nevolja tanko prede.)

Das Unglück spinnt dünne Fäden.

26. Nesrećan ni na ježe. (Ebd)

Ein Unglücklicher soll nicht einmal auf Igelfang (was doch sehr leicht ist, ihm gelingt ja kein Fang).

27. Nesrećnu i pamet je odveće. (Ebd.)

Dem Unglücklichen ist auch sein Verstand zu viel (zur Last) [375]).

---

[375]) Ein bosnischer Landedelmann (beg) sagte zu mir vor zwei Jahren: ‚Nesrićnome i pamet nesrićna‘. (Einem Unglücksmenschen ist auch der Verstand mit Unglück geschlagen.) ‚Jä što bi šta?‘ (Wie ist das zu verstehen?) fragte ich ihn. Darauf erzählte er mir folgende Anekdote (gatku): Es war einmal ein Sultan, der hatte einen Liebling. Dieser Mensch war gar so klug in allen Dingen, aber nur in seinen Unternehmungen unglücklich. Mochte ihm der Sultan noch so viel schenken, immer blieb der Mensch arm. Darüber sprach einmal der Sultan mit seinem Vezir. ‚Ja‘, sagte der Vezir, ‚Dein Liebling ist ein Unglücksmensch, dem ist nicht zu helfen. Du

28. Ako bog dade i godina donese. (STOJAN. S. 10.)
Falls es Gott gewährt und das Jahr es (mit
sich) bringt. (godina ist hier offenbar für
sreća als neueres Substitut anzusehen.)

29. Ako sreću ne srete ne stiže ju nikad. (Ebd.)
Begegnet Einer dem Glücke nicht, so wird er
es nimmer ereilen.

30. Kome bog nije dao sreće kovač mu je ne skova.
(Ebd. S. 29.)
Wem Gott kein Glück gegeben, kein Schmied
kann es ihm schmieden [874]).

---

magst ihm auf den Weg einen Beutel voll Ducaten hinlegen,
er wird vorübergehen und den Beutel nicht aufheben.' Da
liess der Sultan einen grossen Beutel voll Ducaten auf den
Fussweg hinlegen, woher sein Liebling kommen musste, und
befahl den Wachen, Niemand passiren zu lassen als nur seinen
Liebling. Bald darauf sahen sie den Liebling langsam, längs
der Mauer tastend, daherkommen. Und wirklich ging er an
dem Beutel vorbei, ohne ihn zu bemerken. Als der Mensch
vor den Sultan kam, fragte ihn der Sultan: ,Warum bist Du
denn so langsam an der Mauer tastend des Weges daher-
gekommen?' — „Ich sprach zu mir: ,Wenn ich, Gott behüte,
erblindete, träfe ich doch wenigstens zum Sultan ohne Führer
allein den Weg?' Und da schloss ich die Augen und fand
tastend den Weg wirklich bis zu Dir her." Da sagte der
Sultan: ,Ich sehe, dem Unglücklichen ist auch sein Verstand
zum Unglück.' Eine Variante dieser Erzählung bietet der
Talmud. Ihr Ursprung ist unzweifelhaft im Orient zu suchen.
Ob die Geschichte sonst unter den Südslaven bekannt ist,
kann ich nicht angeben.

[874]) Auf Seite 104 theilt St. noch das angebliche Volkssprichwort mit: svatko je kovač svoje sreće (Jeder ist seines
Glückes Schmied) auch bei KOBYTKO. Dieses geflügelte Wort
des Römers APPIUS scheint bei allen modernen Culturvölkern

31. Brez zdravlja nije sreće. (Ebd. 35.)
    Ohne Gesundheit gibt es kein Glück [375]).

32. Dok je sreće nije štete. (S. 55.)
    . Solange das Glück Einem beisteht, leidet man
    keinen Schaden.

33. Gola duša brez sreće. (S. 71)
    Ohne Glück ist die Seele nackt.

34. Hudom kuća i na ledu izgori. (77.)
    Dem Unglückseligen (Bösen) brennt sein Haus
    auch auf dem Eise nieder [376]).

Eingang gefunden zu haben. (Vrgl. WANDER a. a. O. Nr. 551.)
Indessen lasse ich es doch dahingestellt, ob STOJAN. das Wort
wirklich dem Volksmunde verdankte. Dem Südslaven im
Bauernstande dürfte die Metapher von einer geschmie-
deten Sreća unverständlich oder zum Mindesten lächerlich
klingen.

[375]) Es ist wohl fraglich, ob der Gedanke in dieser Fassung
ein Volkssprichwort sei. In den Schlussklauseln der Gus-
laren-Lieder kommt häufig vor die Formel:

> Bog nam dao i sreću i zdravlje
> (jer od zdravlja ništa boljeg nejma)
> i u sreći svakom po djevojku.

Gott bescheer' uns Glück und auch Gesundheit
(Bess'res gibt's ja nichts als wie Gesundheit)
und im Glücke jedem je ein Mädchen.

[376]) Dieser Gedanke wird mannigfach variirt. Sehr zart
aber und dichterisch schön in Bildern sprechen ihn Volkslieder aus. In dem einen (bei KARADŽIĆ im I. Bd. und bei
N. BEGOVIĆ a. a. O. S. 84, Nr. 66) gibt ein Mädchen, von
ihren Eltern dazu bemüssigt, ihrem Verlobten den Ring zurück:

> — nemoj mene momče na glas iznositi
> jerbo sam djevojka u svačem nesretna
> ja bosiljak sijem, meni pelin niče.

35. Redom pada hrgja po junacih. (S. 78.) (Aus dem Guslarenlied.)

Der Reihe nach fällt Rost auf die Helden (rosten die Helden).

Variante: Nesreća ide redom. Der Reihe nach sucht das Unglück (die Leute) heim.

36. U svakoj nesreći ponješto i sreće ima. (S. 136. In dieser Fassung ist die Wendung schwerlich im Volke üblich: ‚In jedem Unglück gibt es auch etwas Glück‘. Das entsprechende slavische Wort lautet: Gdi je sreća tu je i nesreća

(Bürschlein, bring mich nicht in Verruf, denn ich bin ein Mädchen, in Allem unglücklich; säe ich Basilicum, spriesst mir Wermutskraut auf.) In dem berühmten serbischen Guslarenlied Kosovka djevojka ruft das Mädchen aus, als sie die Kunde vom Tode ihres Verlobten erhalten:

Jao jadna! hude ti sam sreće!
Da se jadna za zelen bor hvatim
i on bi se zelen osušio!

(Weh mir Leidbeladenen! hab' ich böses Glück! Klammerte ich mich, Aermste, an eine grüne Fichte, selbst der grüne Baum würde verdorren!) Auch in einem (noch ungedruckten) mahom.-slav. Guslarenlied meiner Sammlung wird letzterer Gedanke ausgedrückt. Die greise Mutter redet ihrem Sohn Kurtagić Selim ab von Zlatija, der Tochter des Herrn von Gabela (an der Neretva):

— Zlatija sreće ne imade
nesretna je, sam je bog ubio!
Da privati za zelenu jelu
i njojzi bi usahnulo deblo.

‚Zlatija hat kein Glück. Sie ist unglücklich; Gott selber möge sie tödten! Klammerte sie sich an eine grüne Tanne, ihr würde selbst der Baum vertrocknen.‘

[Wo Glück ist, da ist auch Unglück]. Bei
Petranović a. a. O. I. Nr. 187, S. 178. Sonst
auch sehr oft.)

37. Sreću štapom ne iskuša (S. 173.)
Mit dem Stock (in der Hand als Landstreicher)
kann man das Glück nicht auskosten.

38. Tko nije srećan, da ni je ni živ. (S. 173)
Wer nicht glücklich ist, sollte gar nicht am
Leben sein.

39. U sreći se ne ponesi, u nesreći ne poništi. (S. 174.
Aus einem Bettlerliede.)
Im Glück überheb dich nicht, im Unglück mach
dich nicht zu nichts.

40. Drži sreću oberučki kad ti dodje do ruke. (Ebd.)
Halt' das Glück mit beiden Händen fest, wann
es in den Bereich deiner Hand kommt.

41. Tko rano rani dvije sreće grabi[377]).
Der Frühaufsteher fasst zwiefach Glück.

42. Tko je sretan i pijevac mu jaja nosi[378]).
Dem Glücklichen legt auch ein Hahn Eier. So
sagt auch der Bulgare: I petel-otŭ mu nositŭ
jajca[379]).
Aus Korytko's Sammlung entnehme ich:

43. Revniga sreča, bogaťga nesreča to se zglasi.
Des Fleissigen Glück, (und) des Reichen Unglück,
das wird bekannt[380]).

---

[377]) In der Zaraer Zeitschrift Hrvatska. II. 1885,
Nr. 1. S. 56.
[378]) Ebd.
[379]) Bei den Miladinovci a. a. O. S. 530.
[380]) Vrgl. auch in den Slovénske pésmi 1844, S. 85.

44. Sreća opotočna.
Das Glück ist unbeständig.
45. Sreča velika pameti malo.
Viel Glück, wenig Verstand.
46. Prva sreća prazna vreća.
Vom ersten Glück bleibt der Sack leer.

Dieses Wort hörte ich von einem Horvaten bei Agram. So sagt auch der Čeche: První štěstí zřídka bývá dobře, während der Deutsche conform mit der sonst üblichen Ansicht der Südslaven (Prva sreća najbolja) [881]) zu sagen pflegt: Das erste gluck ist's best' (WANDER, Nr. 23, S. 1731). Der südslavische Kaufmann oder Händler sucht auf jeden Fall die erste Kundschaft, die sich ihm am Morgen einstellt, zu befriedigen, und sollte er selbst Schaden beim Ver-

---

[881]) Im lyrischen Volksliede öfters. Mit prva sreća wird der erste Liebhaber oder auch der Gatte gemeint. Asanaga war in Gefangenschaft gerathen und lag neun Jahre lang im Kerker, ohne den Angehörigen Kunde von seinem Verbleib geben zu können. Im zehnten Jahre, als seine Frau des Wartens überdrüssig, sich eben neu zu vermählen im Begriffe stand, kehrte A. aus der Gefangenschaft heim. Da erkannte ihn die Frau und sagte zu den Hochzeitsleuten:

jite, pite gospoda svatovi,
jite, pite i doma hodite
evo meni prve sriće moje,
prve sriće Asana mojega.

Bei J. KUKULJEVIĆ nar. p. puka hàrvatskoga. Agram 1847, S. 158—166. Eine hübsche Variante aus Istrien vrgl. in den Hrvatske narodne pjesme, što se pjevaju u Istri i na kvarnerskih otocih. Triest 1880, S. 38, Nr. XIV.

kauf haben. P r v a j e s r e ć a, sagt er, n e k b u d e
s r e t. n o. Das wissen die Kundschaften und ziehen
Nutzen aus diesem Glauben, indem sie den Preis
der Waare stark herabdrücken. Dabei geschieht es
wohl oft, dass der Kaufmann den Sack leer von
Profit behält. Die erste Kundschaft bekommt nicht
leicht etwas auf Borg, denn das wäre ein böses Omen
für den Geschäftsgang des ganzen Tages.

Die bulgarischen und slovenischen Sprichwörter
über Glück und Schicksal decken sich inhaltlich mit
den angeführten serbischen und horvatischen vollständig. Ich will nur ein vielleicht speciell bulga-
riches hier noch mittheilen: Rodi me sô kasmet,
tà fôrli me na bunište. (Bring mich mit Glück zur
Welt, und du magst mich auf den Misthaufen werfen.)

* * *

Ein Corollar über das Glücksrad.

Die Römer und Griechen stellten ihre Glücksgöttin mit verschiedenen Attributen dar. Das Steuer-
ruder der Göttin weist darauf hin, dass sie vorzugsweise als Beschützerin der Seefahrer verehrt wurde.
Welchen Sinn hat aber die Kugel, Walze oder das
Rad der Fortuna? Dafür hat noch Niemand eine
befriedigende Erklärung zu geben vermocht. Es
fragt sich, ob denn die Vorstellung von einer Göttin
mit der Kugel altlateinisch oder altgriechisch ist.
Sie scheint ursprünglich weder griechisch noch
lateinisch zu sein. In mir ist die Ueberzeugung ge-

reift, dass wir es in diesem Falle mittelbar mit einer indischen Vorstellung zu thun haben. Das älteste Denkmal griechischer Literatur, in welchem der Týchē auf einer Kugel, beziehungsweise auf einer Walze gedacht wird, ist das Gemälde des Neuplatonikers KEBES. Dieses höchst eigenartige Schriftchen hat den Gelehrten seit jeher viel zu denken gegeben. Man hat sich das Gemälde nie recht vergegenwärtigen können. Die Gruppirung der Scenen scheint so unsinnig und ist mit den Ansichten, die wir von griechischer Malerei haben, gar nicht zu vereinbaren. Der greise Erklärer des Gemäldes sagt selber zu den Reisenden, dass das Gemälde von einem Fremden herrühre, dem er auch die Deutung der einzelnen Bilder verdanke. Dieser Fremde muss wohl ein indischer Pilger gewesen sein. Weitausgedehnte Reisen der Missionare sind in der Geschichte des Buddhismus keine Seltenheit; denn schon 600 Jahre vor Chr. Geb. hatte Buddha für seine Jünger das Gebot aufgestellt: ‚Gehet hinaus und verbreitet die heilbringende Lehre aus Mitleid für die Welt, zur Freude, zum Wohl, zum Heile für Götter und Menschen!'

Vor nicht langer Zeit las ich in einem englischen Reisewerke über Indien einen Auszug über die buddhistischen Anschauungen vom Himmel. Es werden sieben Abtheilungen genannt und jede einzeln kurz beschrieben. Sieben Quadrate bilden ein Bild in Kreuzesform. Die Eintheilung und Beschreibung stimmen so auffällig mit dem Gemälde des KEBES überein, dass ich an eine Entlehnung unbedingt glauben muss. Ich gedenke dies einmal in einem

eigenen Aufsatze genauer zu besprechen. Uns inter-
essirt jetzt nur folgende Stelle aus dem Gemälde:

„— Wer ist jenes Frauenzimmer, das offenbar
blind ist und auf einem walzenförmigen Steine steht?

— Sie heisst das Glück. Sie ist aber nicht blos
blind, sondern auch wirklich wahnwitzig und taub.

— Was hat die denn für ein Geschäft?

— Sie streift überall herum, erwiderte er, und
beschenkt die einen mit Gütern, die sie anderen
raubt; im selben Augenblick entreisst sie aber auch
wieder ihre Geschenke, um damit Andere grundsatz-
los und wetterwendisch zu bedenken; deshalb drückt
auch ihr Abzeichen (Symbol) ihren Charakter vor-
trefflich aus, dass ihre Gabe weder zuverlässig noch
beständig ist; denn grosse und bittere Enttäuschungen
folgen, wenn man auf sie baut." [883])

Ausnahmsweise ist an dieser Stelle die Rede von
einer Walze, sonst gaben die bildende Kunst und
die Dichtkunst der alten Welt der Tyche oder
Fortuna und der Nemesis als Attribut ein Rad
oder eine Kugel bei. „In Bildwerken liegen diese neben
den Füssen der Göttin oder ihr unter den Füssen
und sie schwebt darauf oder die Kugel ihr auch auf
dem Haupte. Dichter und Redner, wie es scheint
jedoch erst in später Zeit, fügen dazu noch die
andere Vorstellung, dass Fortuna die Menschen auf
ihr Rad setze und sie mit dessen Umschwung auf

---

883) Das Gemälde von Kebes. Deutsch von F. S. Krauss.
Der Schluss aus dem Arabischen des Ibni Muskveïh von
Frikdr. Müller. Wien 1882, S. 8.

und nieder steigen lasse. Bei Tibull I. 5, 70: ver-
satur celeri fors levis orbe rotae" [389]).

Die erstere sowie die letztere Vorstellung findet
sich in vielfachen Auffassungen nicht selten auf den
ältesten buddhistischen Bildwerken. An einer rad-
förmig gewundenen Schlange halten sich Götter und
Dämonen fest. Auch Lakšmî, die Göttin der Schönheit und des Glückes, hat zuweilen als Attribut eine
Kugel. Der älteren griechischen Literaturperiode ist
dieses Bild fremd. Die Griechen befreundeten sich
mit diesen Vorstellungen erst allmälig, nachdem sie
durch den Eroberungszug Alexanders des Grossen in
näheren geistigen Contact mit den arischen Völkern
Asiens getreten waren.

„Die Vorstellung von einem Rade des Glückes
pflanzte sich aus der antiken Welt in die mittelalterliche fort. Sie gehörte da in Kunst und Dich-
tung zu den beliebtesten. Mit besonderer Vorliebe
aber ergriff man jenes Bild von den auf das Glücksrad gesetzten oder gestiegenen oder mit ihm auf und
ab geführten Menschen. Das fiel mehr und aben-

---

[389]) Moriz Haupt: Das Glücksrad und die Kugel des Glücks.
In der Zeitschrift des deutschen Alterthums. VI. Leipzig 1848,
S. 134—135. — Bei Roscher, S. 1445, sind die Fata scri-
bunda als Mädchen personificirt dargestellt, und zwar mit
einem Fuss auf dem Rade. Peter meint: Das Rad wird auch
dem Fatum passend beigegeben. Dass nicht etwa die For-
tuna gemeint ist, geht aus der Widmungsinschrift: FATIS ·
CAECILIVS · FEROX · FILIVS unzweideutig hervor." Passend?
Das will mir nicht recht einleuchten. — Ueber die auf einer
Kugel stehende Fortuna bietet Peter auf S. 1507—1508 und
S. 1538 zahlreiche Nachweise.

teuerlicher in die Sinne." Um das zu erhärten, bringt HAUPT eine Fülle von Beispielen aus deutschen und italienischen Dichtern bei.

Bei den Südslaven hat der Ragusaer IVAN GUNDULIĆ (1588—1638), der hervorragendste unter den italianisirenden dalmatinischen Dichtern sein grosses episches Gedicht ‚Osman‘ mit diesem Bilde eingeleitet:

> Kolo od srjeće u okoli
> vrteći se ne prestaje,
> tko bi gori eto e doli
> a tko doli, gori ustaje.
>
> Sad vrh sablje kruna visi,
> sad vrh krune sablja pada,
> sad na carstvo rob se uzvisi
> a tko car bi rob je sada [384]).

(‚Nimmer rastet das Glücksrad im kreisenden Schwunge. Der oben noch stand, im Nu liegt er unten, und Der von unten kommt jetzt obenauf.‘

‚Bald schwebt über'm Schwerte die Krone, bald fällt auf die Krone das Schwert, bald schwingt auf den Thron sich ein Sclave, und Sclav' ist nun, der eh'dem Kaiser war.‘)

Eine Parallele für die zweite Strophe finde ich weder bei HAUPT noch bei WANDER. Es ist eben eine freie dichterische Weiterausführung des alten Bildes, wobei der Dichter wieder altclassische Motive (die Anekdote vom Schwert des Damokles) frei benützt hat.

---

[384]) Ivana Gundulića Osman u dvadeset pievanjah. Drugo izdanje. U Zagrebu 1854, S. 1 f.

So gerne die zwei Strophen von literarisch ge-
bildeten Horvaten und Serben auch citirt werden
mögen, die Menge des Volkes scheint das Bild vom
Glücksrade doch nicht begriffen zu haben. Es steht
eben gar nicht im Einklang mit den echt volksthümlichen slavischen Vorstellungen von der Sreća.

* *
*

Schlusswort.

Bei einer genaueren Ausbeutung der noch unedirten südslavischen Volksüberlieferungen meiner
Sammlungen hätte ich diese Abhandlung leicht um
die Hälfte umfangreicher gestalten können. Manche
nebenhin gemachte Bemerkung wäre vertieft und
mehr begründet worden. Ich unterliess es, in Er-
wägung, dass die Arbeit durch eine Anhäufung zu
vieler Nebensächlichkeiten vielleicht nur zu sehr an
Uebersichtlichkeit einbüssen würde, dann schienen
mir die Hauptsachen auch schon durch die hier bei-
gebrachten Belege für ausreichend klargestellt.
Die Erscheinungsformen des südslavischen Glücks-
und Schicksalsglaubens sind nun hinlänglich hervorgehoben und beleuchtet. Dass die Sreća als ein
wirklich mythisch empfundenes Wesen aufzufassen
ist, geht unzweideutig schon aus ihrem Genius-
Charakter hervor. Die animistische Grundlage der
Sreća ist offenbar. Hierin liegt nichts Auffälliges.
Auf animistischen Vorstellungen beruhen ja fast alle
religiösen Anschauungen; selbst der Fetischismus
wäre ohne sie undenkbar. Und doch ist die Sreća,

als die Glücksgöttin der Südslaven, ungemein merkwürdig; denn ihre Existenz im Volksglauben nöthigt
uns, die Südslaven gegenwärtig, vom ethnographi-
schen Standpunkte aus betrachtet, den hochent-
wickelten westeuropäischen Culturvölkern beizuzählen.

Man missverstehe das Wort „Culturvolk" nicht.
Die Südslaven participiren seit mehr als einem Jahr-
tausend und noch immer an den Segnungen der
westeuropäischen Cultur; sie haben von letzterer
unbeschreiblich viel aufgenommen und in ihrer Weise
auch verarbeitet. Eine eigene selbstständig-urwüch-
sige Cultur besitzen aber die Südslaven kaum.

Die Slaven sind durch den Druck des nordischen
Völkerandrangs über die Donau südwärts auf die
Balkanhalbinsel geschoben worden. Die slavischen
Einwanderer waren kaum mehr als ein Halbcultur-
volk auf Kriegspfaden. Ihre Religion war wesentlich
schon im Uebergangsstadium zum fetischistisch-ani-
mistischen Polytheismus.

Sie verehrten schon als Fetische Sonne, Mond
und Gestirne, Donner und Blitz, kannten einen Bog
als den Austheiler aller guten Dinge und waren
vorzugsweise Pfleger des Baumcultus. Die viel-
genannten Vilen sind ja von Ursprung an nichts
anderes als Dryaden.

Die slavischen Ankömmlinge von dazumal hatten
in ihrem Volksglauben noch keine Sreća. Sreća
bedeutete ihnen weder Genius und noch weniger
Tyche. Die nördlichen und westlichen Slaven sowie
die sog. Bulgaren weisen in ihrem Volksglauben
keine der Sreća gleiche mythische Gestalt auf. Die

d o l j a der Kleinrussen ist ja doch etwas Anderes
als die Sreća.

Fast zwölfhundert Jahre lang waren die Süd-
slaven von ihren nördlichen und westlichen Brüdern
losgetrennt. Südslavische Missionäre sind wohl nord-
wärts gezogen, um die Lehren des Christenthums
zu verbreiten, dann aber riss seit dem Auftreten der
Türken in Europa das Band zwischen Nord und Süd.
Vor fünfhundert Jahren hatte der Nordslave dem
Südslaven noch nichts zu bieten. Es lag auch keine
Nöthigung für einen Verkehr vor. Vor etwa hundert Jahren erfuhren die Nordslaven wieder etwas
Genaueres über ihre Sprachverwandten im Süden.
Das war förmlich eine Entdeckung. In die südslavischen Sprachen fand sich der Nordslave mit
leichter Mühe hinein, doch der Gedankenkreis und
die Anschauungsweise des Südslaven mutheten ihn
fast nicht minder fremd und neuartig als germanisches
Volksthum an.

Man darf getrost annehmen, dass nicht der dritte
Theil der jetzigen Südslaven wirklich von jenen
slavischen Einwanderern aus alter Zeit abstammen.
Die Südslaven sind Mischlinge. In anthropologischer
Hinsicht zeigen die Südslaven die merkwürdigsten
Verschiedenheiten, so dass man fast in jeder Gegend
einen besonderen, ganz eigenthümlichen Typus her-
ausfinden kann. Sind doch gewisse physische Eigen-
thümlichkeiten der Bevölkerung einzelner Gegenden
sogar dem Guslar, dem Volksdichter, aufgefallen.

Die Slaven haben auf dem Balkan mehrere kleine
verschiedensprachige Völker angetroffen, die überdies

13*

durch's Griechen- und Römerthum schon hinlänglich
geschwächt waren, so dass sie den in geschlossenen
Reihen eindringenden slavischen Massen keinen
dauernden Widerstand zu leisten vermochten. So
mussten die kleineren Völkerschaften im Slaven-
thum aufgehen. Die Besiegten nahmen die Sprache
der Ankömmlinge an, doch die alten vorslavischen
Anschauungen und religiösen Vorstellungen, ein
festerer Besitz als die Sprache, vererbten sich auf
die jüngeren slavisirten Geschlechter fort. Nur die
Einkleidung war neu, der Inhalt der Gedankenwelt
blieb zum Mindesten noch lange wenig verändert.

Die Griechen und die in den nördlichen Gegenden
gräcisirten Bewohner des Balkans verehrten die
Týchē, die Römer und die romanisirten Völker
ebenso die Fortuna. Die Slaven stiessen also auf
einen ihnen bis dahin ganz unbekannten Cultus. Sie
haben ihn nicht verstanden und nicht begriffen, doch
wunderbar geahnt. Weder Týchē noch Fortuna
kommen ihrer Wortbedeutung nach der Sreća gleich,
die Sreća dagegen vereinigt in sich beide Grund-
vorstellungen, die „Berührung" und die „Entgegen-
bringung". Nur die unbewusste, göttlich schöpfe-
rische Sprachkraft der Volkspsyche konnte eine so
feine Verdolmetschung zu Stande bringen. Der Name
Sreća bedeutet gegenüber Týchē und Fortuna etwas
Vollkommeneres und Vollendeteres. Ich bekenne es,
dass mir von diesem Standpunkte aus Sreća für
Týchē-Fortuna als eine der genialsten Substitutionen
erscheint, die überhaupt denkbar ist.

Dass die Slaven nicht auch den Cultus der Týchē und Fortuna mit in ihren Volksglauben aufgenommen, erklärt sich eben aus ihrer nur zu geringen Vertrautheit mit demselben. Im 6. und 7. Jahrhundert war das Griechen- und Römerthum unter dem zersetzenden Einfluss des Juden-Christenthums schon so abgelebt, dass es nimmermehr die wenngleich tiefer stehenden Slaven derart zu bezwingen vermochte, um ihnen neue Cultgebräuche aufzunöthigen. Die Sreća hat sich aber doch erst in der griechisch-römischen Culturatmosphäre, also auf einer älteren Culturschichte entwickelt, sowie auch das Guslarenlied des serbischen Stammes gleich der Epik Homers ganz und gar ein Gewächs der Balkanhalbinsel ist. Die Entstehung der griechischen Týchē und der römischen Fortuna kann man erst durch Vergleichung mit der Entwicklung der südslavischen Sreća verstehen, die Sreća aber begreift man wieder ganz nur durch eingehende Betrachtung der Týchē und Fortuna. Ein analoges Verhältniss obwaltet auch zwischen südslavischer und altgriechischer Volksepik. Darüber gedenke ich eine Reihe von Studien zu veröffentlichen.